How to Forgive Myself
for Having Negative Emotions

ネガティブな自分のゆるし方

CROSSMEDIA PUBLISHING

ネガティブに考えすぎてしまう、
すべての人へ。

はじめに

この本は、カウンセラーの観点から「ネガティブな感情との上手な付き合い方」を書いた本です。
早速ですが、問題です。

問題：「ネガティブな感情」はなくした方がいい。
Ｙｅｓか Ｎｏでお答えください。制限時間は３秒です。

きっと、本書を手に取ってくださった方は「ネガティブなんて、絶対になくした方がいい！　ネガティブに考えてしまうのを変えたいからこそ、この本を開いたのだから」と思われたのではないでしょうか。
ですが、正解は「Ｎｏ」です。まずは「ネガティブ感情は悪いもの」という誤解を解くことから始めましょう。

例えば、明日あなたが大事なプレゼンを控えているとします。このとき、ネガティブな感情を持つ人は、「明日のプレゼンで今月の営業成績が決まるから、絶対に失敗はできない。だけど、緊張してうまく話せなかったらどうしよう」などと考えてしまいがちです。すると、不安がさらなる不安を呼び起こし、その気持ちばかりが募ってネガティブ感情は悪いものだと思い込んでしまいます。

しかし一方で、こうした感情が湧き起こることで、「プレゼンで失敗しないように、話す内容の台本を作ろう」「遅刻を避けるために、いつもより早めの電車に乗るようにしよう」など、事前準備をすることができるのです。

反対に、危機感もなく準備を怠り、悠長に構えて何も準備をしなければ、当日は悲惨な目に逢ってしまうかもしれません。

つまり、ネガティブ感情を持っていれば、プレゼンの準備をしたり、当日のシミュレーションをしたりすることで、成功する確率も上がり、健全な成長に結びつけることができます。

仕事やプライベートにおける「ネガティブ感情」は、無理になくそうとするのではなく、上手に付き合うことが大事なのです。

そうは言っても、現代は過剰なほど、ネガティブな感情になりやすい環境であることは事実です。


親の世代よりも一層変化が激しくなり、誰も正解を知らない世の中

働き方が多様化し、会社ではなく自分で決めなければいけないキャリア

タレントやインフルエンサーの活躍に憧れ、比較が止められないSNS

右に挙げた以外にも、誰もが少なからず、さまざまなシチュエーションでネガティブな感情に悩み、苦しんでいるのではないでしょうか。

ですが、2万人以上のカウンセリングを行ってきた私がお伝えしたいのは、感情には良し悪しはないこと、そして感情の捉え方を変える、つまり「感情の置き場所」に自覚的になることです。

この本では、メンタルアップのプロとしての知見を総動員し、仕事やプライベートでネガティブ感情になる83のシーンを多彩に引用しながら、「ネガティブになりすぎないための考え方」「ネガティブな自分をどうやって許し、上手に付き合っていくべきか」を伝える決定版とも言える内容です。

最初から読み進めるのもよし、日々の生活の中で気になるシーンから見てみるのもよし。本書を通して、ネガティブな感情との付き合い方をマスターしてください。

なお、ネガティブな感情は1つとして同じものはなく、個人差があるものです。従って、本書でお伝えした内容が、すべて今のあなたにあてはまるとは限りません。基本の考え方として捉えて、アレンジしていただければと思います。

どうかご自身の中で「これはすぐに自分に取り入れられそうだ」と思ったり、「これはやってみたい」と感じたりした内容から取り組んでみてください。

この本を手にとった方が、ネガティブな感情と上手に付き合い、今のあなたのままで軽やかに生きる術を手に入れていただけたなら、著者として幸甚です。

この本の読み方

1

この本は、誰もがネガティブになりやすいシーンを「人間関係」「仕事」「日常生活」「SNS」「人生」の5つのテーマ、83つのシーンで取り上げています。

2

まずは、ネガティブな感情になるシチュエーションと、その感情を引き起こすシーン例に軽く目を通します。

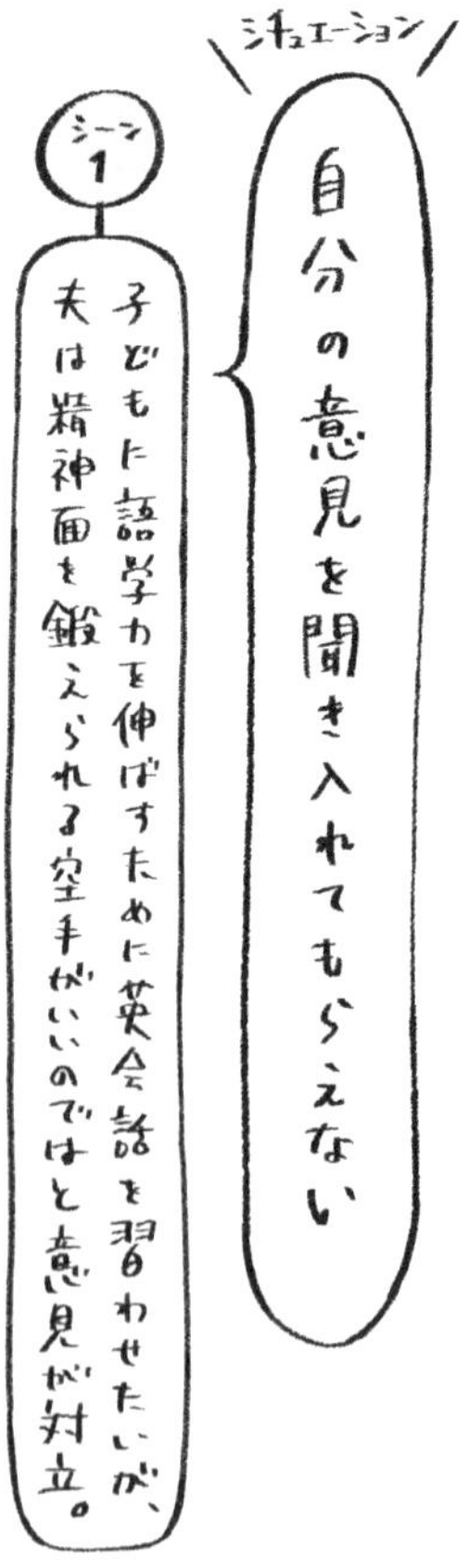
シチュエーション
自分の意見を聞き入れてもらえない
シーン1
子どもに語学力を伸ばすために英会話を習わせたいが、夫は精神面を鍛えられる空手がいいのではと意見が対立。

3

83のシーンに対し、本書ではカウンセリングの観点から「ネガティブな感情になる理由」と、「ネガティブ感情の『置き場所』を変えるための考え方／TODOの提案」をそれぞれ解説します。

4

ネガティブな感情を引き起こす理由を知り、感情の置き場所を変えれば、誰でも「ネガティブになりすぎない自分」になれます。

5

この本を通して、「ネガティブな自分を許す」ための考え方を身につけ、生きづらさをやわらげていきましょう。

ネガティブな自分のゆるし方　目次

序章

「ネガティブな自分を許す」基本的な考え方と誤解

第1章

他人軸ではなく、自分軸で生きる［人間関係編］

第2章 ネガティブな人でも仕事は成立できる［仕事編］

第3章 反射的に受け取らない［街中編］

第4章
ネットの情報に一喜一憂しない［SNS編］

第5章 いつでも感情の置き場所は変えられる［人生編］

終章 メンタルのプロがやっている「ネガティブ感情」との付き合い方

「ネガティブな自分を許す」基本的な考え方と誤解

ネガティブ感情は悪いものではない

心配、緊張、悔しさが次の成長の一歩になる

- 仕事がうまくいかなくて落ち込む
- 将来を考えると不安になる
- 人の発言に対して嫌な気持ちになる
- 最近パートナーとの会話がうまくいかない

ストレスを感じやすい現代社会では、誰もがこうした「ネガティブ感情」を心のどこかに抱えて生きています。

心配、モヤモヤ、嫉妬、ねたみ、焦り、悲しい、寂しい、つらい、苦しい、物足りない、失望、孤独感など、感情のバリエーションを挙げればキリがありません。

多くの人はこうした「ネガティブ感情＝悪いもの」だと思っていますが、カウンセラーの立場からすれば、それは大きな誤解です。まずはその誤解を解くことから始めていきましょう。

あなたの心に浮かんでいるネガティブな感情は、決して悪いものではなく、その感情を「なくしたい」「忘れたい」「どこかに行ってほしい」と考える必要はありません。

例えば、「明日の会議は遅刻できない。でも電車が遅れたらどうしよう」と心配になれば、「いつもより早く起きて、早い時間の電車に乗ろう」と前もって準備ができます。

つまり、**ネガティブ感情は、視点を変えると健全な成長を促す「原動力」につなげられる**ということです。しかも、心にネガティブな感情が生まれやすい人ほど、その先の成功を自らの力で掴み取るケースも多いと言われるので、ネガティブな感情をなくそうとする必要はないと言い切れるのです。

人の感情には必ず両面がある

生きていれば、楽しいことや嬉しいことだけでなく、悲しいこと、つらいことがあって当然です。人の心にはポジティブとネガティブ、両方の感情が存在しているからです。

周りから見たらいつも明るく、悩みがなさそうなポジティブな人でも、実は人に話せない悲しい過去を抱えていることもありますし、ネガティブ思考になりやすい人でも1日の中でちょっとした嬉しい感情が生まれたりするのではないでしょうか。

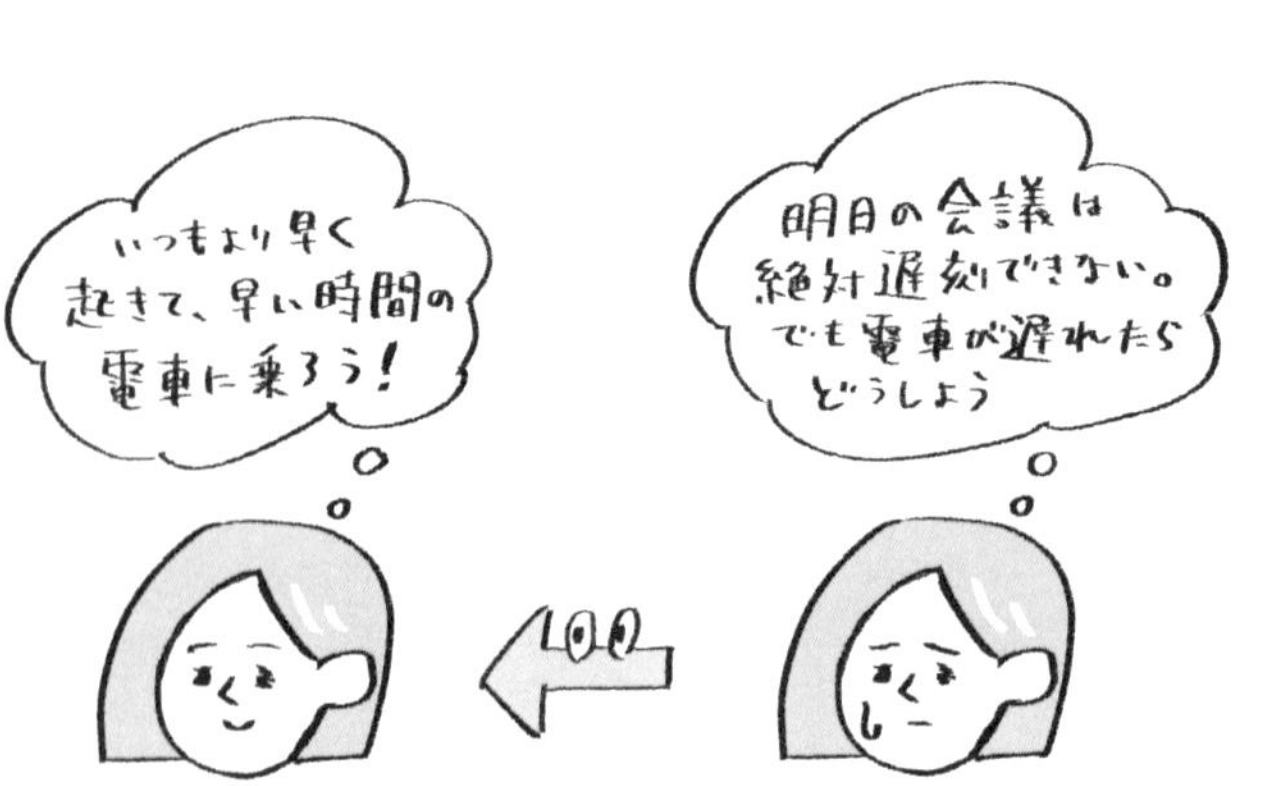

ネガティブな感情は、視点を変えると成長につながる

人の気持ちにはこうした両面があるはずなのに、「私にはストレスがないんです」「怒ることなんてありません」と本気なのか、演技なのか自分でもネガティブ感情に気づかないままでいる人に出会うことも多くあります。

しかし、このように、**「いつでもポジティブな人」の方が実は危険です。**

例えば、周りから「優秀な人」と期待されていた新入社員が、最初はバリバリ仕事をこなして成果を上げげたのに、半年後には心がポキッと折れて休みがちになって出社できなくなる。これは本当によくあるケースですが、こうした状況に陥りやすい人こそ「いつもポジティブな人」の典型例です。

その原因として、**「ネガティブ感情に気づけないほど心のセンサーが鈍感になっている」、もしくは「自分の気持ちにふたをして向き合えていなかった」**のいずれかが考えられます。

「今日も1日良いことばかりだった」ではなく、「悪いこともあったけど、1つだけ良いことがあった」と現実を受け止められる人の方が、幸福を感じやすいものなのです。

「ネガティブな気持ちになるのは、人間としてごく自然なこと」とまずは心に留めておきましょう。

適度なストレスがパフォーマンスを上げる

この本を手に取ったあなたは「ストレスなんてゼロになればいいのに！」と望んでいるかもしれません。もちろん過重労働やストレス過多な生活は心身に悪影響をおよぼしますが、**「適度なストレス」は人にとって良い効果をもたらします。**

それを表すのが「ヤーキーズ・ドットソンの法則」という生理心理学の基本とされる法則です。

これは心理学者のR・ヤーキーズ博士とD・ドットソン博士によるパフォーマンスとストレスの関係を示した理論で、**「高すぎず・低すぎない」適度なストレスがある方が、最適なパフォーマンスにつながる**と言われています。

そもそもストレスは物理学用語で、モノに刺激が加わったときにあらゆる反応を意味します。これを「ストレス反応」と呼びます。

例えば、柔らかいボールがあるとして、ボールを凹ませる力がストレッサー（刺激）、その刺激に対する反応が「ストレス反応」です。

ストレスが低すぎる状態とは、この刺激がまったくないということを指します。例えるなら、誰にも会わない、仕事もしない、何の予定もないといった状態です。

これでは**変化に反応しない＝柔軟性を育めない**ので、パフォーマンスを発揮できないどころか、日々の生活が無気力・無反応になり、人として生きる気力が失われていきます。結果として、さらに深いネガティブ感情へと沈み込んでいくということを知っていただければと思います。

ネガティブ感情を一旦受け止める

良い感情も、悪い感情も存在しない

心にネガティブな感情が生まれたとき、「こんな気持ちではダメだ……」とその感情を否定する人は多いでしょう。しかし本来、**人の感情に「良し悪し」は存在しない**というのが心理学の考え方にはあります。

それなのに、なぜ私たちは感情を良いもの、悪いものと考えてしまうかというと、**過去にあった悪い出来事に対する刷り込み**が影響しているからです。

例えば「後ろ向きな発言はしてはいけない」「マイナスなことはできる限り考えない方が良い」といった周りの人からの教えや、ご自身の体験などにより、「ネガティブなことは感じてはいけない」と脳にインプットされているのです。

しかし、メンタル不調が始まる1つのケースとして、このような感情の否定から「自己肯定感」が低くなってしまうことがあります。だからネガティブ感情の視点を変える必要があるのです。

ポジティブ感情も、ネガティブ感情も、湧き上がってくるのは自然なことで、抑えられなくて当然です。だから、それを自分で否定する必要も、人から否定される不安を感じる必要もありません。

ネガティブ感情の「置き場所」を変えるには、自分の感情というものを事実として認識した上で、良し悪しを判断せずに「受け止める」ことが大切です。

感情は判断するのではなく、受け止めるもの

湧き上がってくる感情に対して「悪いこと」「良いこと」と区別するのは、今日からやめましょう。

「今日の私は落ち込んでいる」
「昨日の上司に対して、私は今もモヤモヤしている」
「夫の発言で私は悲しくなった」

例えばこんな感じで、感情を事実として受け止める習慣を意識してみてください。

自分の気持ちがわからない人ほど、感情にふたをしている

私が行っているコミュニケーション研修には、「喜怒哀楽」の4つの感情ごとに、最近の出来事を書いてもらうワークがあります。

この研修を続けていく中で気づいたのは、長く自分の感情にふたをしてしまっている人ほど、ワークの記入ができないということです。その理由は明確で、自分の感情

に向き合わず、見て見ぬふりをし続けてしまっていたからです。

また、20〜40代にカウンセリングをしていると、「仕事が嫌い」「上司が嫌」「なんとなくモヤモヤ、イライラする」とはいうものの、具体的にどんな気持ちなのか、自分はどうしたいのかを聞くと、「自分でもよくわからない」という人が多くいます。

変化の激しい社会を生きる私たちは、無意識に心に鎧をまとい、自分の弱さを周りに見せないようにしてしまいがちです。

この**「自分の悪い部分、恥ずかしく醜い部分を見られたくない」**という思いが強くなりすぎると、自分の感情を抑え込んでしまい、その反動として最近では、SNSに本心と違うことを発言してしまうケースにつながっているのです。特に、「我慢強くてまじめな人」「自分よりも他人を優先してしまう人」がこのパターンに陥りやすい印象があります。

こうして、私たちは自分の本当の感情は何かを見失ってしまうのです。

私もカウンセリングの勉強を始めた頃は、相談者さんの気持ちと自分の感情が混ざってしまい、カウンセリング中に自分の感情を見失うことがありました。

相談者さんが悲しい話をしていると自分も悲しくなる、怖い話をしていると自分も恐ろしくなるといったように、感情が引っ張られてしまうのです。

そこで私が訓練したのが、**自分の感情を確認する**ことでした。

カウンセリング中に「今は嫌な気持ちになっている」「話を聞いて恐怖を感じている」など、自分の感情を客観的に認めることで、相手の感情と分離ができるようになったのです。「自分の感情を認める」ことは、カウンセリングにおいても基本中の基本の考え方です。


自分の気持ちがよくわからないという人は、ネガティブ感情の克服、心のリカバリーに少し時間がかかるかもしれません。そんな人は、なんとなく嫌な気持ちになったときに、立ち止まって**「今どんな気持ちなのだろう」**と心に問いかけてみてください。もし考えてみても、自分の感情がわからないという人は、それでも大丈夫です。

どんな感情が浮かんだとしても捨て去ろうとせず、ありのままの感情を受け止めていきましょう。

考え方③

不安は雪だるま式に膨らんでいく

不安を大きくするのは、自分の想像力

私たちが頭の中で考える想像は果てしなく、尽きることはありません。

だから、**不安なことが1つでも起きると、「こうなったらどうしよう」「あの人にこう言われたら嫌だな」と、ネガティブな想像は雪だるまのように膨らんでいきます。**

自分でそれを静止しなければ、ネガティブ感情は無限に大きくなり、さらに恐怖を感じてしまい、まさに「不安が不安を呼ぶ状態」に陥ります。

こうした不安状態を表す言葉に**「予期不安」**があります。これは過去の経験から「またこうなるかもしれない」という漠然とした不安が付きまとうことです。

例えば、通勤中の電車でお腹が痛くなった経験があるとします。

それ以降、電車に乗るたびに「またお腹が痛くなったらどうしよう」と不安になると、痛みはないのにお腹に意識が集中してしまいます。

すると、本当にお腹が痛くなったように感じ始めて、電車に乗るのが怖くなり、しまいには出社が困難になってしまいます。これではダメだと思って、各駅停車で座っての出社を考えても、今度は「遅刻するかもしれない」という別の不安が生まれます。

「遅刻したら評価が落ちるのではないか」
「評価が落ちたら、今の部署にはいられないかも」
「そのうち会社を辞めさせられるかもしれない」
「そうなったら、私の人生はもう終わりだ」

このように、頭で考えるネガティブなストーリーは次から次へと展開していきます。

でも冷静に考えてください。現実に起こったことはたった1つ、「お腹が痛くなった」という事実だけです。

不安を雪だるま式に大きくさせているのは、自分自身の果てしない想像力なのです。

不安の9割は起こらない

予期不安のほか、すべてが気になり出して歯止めが効かないケースもあります。例えば、プレゼン前日に体調を崩さないよう、食べ物に気を遣うとします。そんなとき、ネガティブな人は次のように考えてしまうものです。

①「食あたりが怖いから、外食では生ものは食べないようにしておこう」

②「生ものは食べないよう注意しても、不衛生な飲食店に当たっ

一度抱えた不安は、雪だるまのように膨らんでいく

たらどうしよう」

③**「帰りはスーパーに寄りたいけど、売れ残りを食べると体を壊しそう」**

④**「そういえば昨日食べたプリンは、賞味期限内だっただろうか」**

このように、いろんなことが気になってしまうでしょう。そして、「こんなことを考えているから自分はダメなんだ」という自己否定からネガティブ感情が強くなり、また小さなことが気になり始める、という負のパターンが完成します。

「不安なことは実際に起きたのか」をアメリカのシンシナティ大学が調べた研究によると、**「約9割は起こらなかった」「問題が起きたとしても、解決できるレベルだった」**という報告があります。

つまり、抱えている不安のほとんどは「取り越し苦労」となる可能性が高いのです。頭の中に広がる妄想が「実は起こらないこと」だとわかるだけで、ネガティブになりやすい人は少しでも心がラクになるはずです。

心のキャパシティが減ると、不安が大きくなる

もう1つ、別の考え方があります。**不安を消し去りたいと思って注目すると、心のキャパシティが減り、ますます不安が強調されていく**というものです。

例えば、もともと心のキャパシティが100あって、そのうち不安が10あると仮定します。このとき不安が占める割合は「10%」。まだゆとりがあるので、他のことにも目がいきますし、そこまで不安が気にならない状態です。

しかし、1つの不安なことを考えていると、そのことばかりに気持ちがフォーカスして、だんだん他のことが考えられなくなります。

すると、もともと持っていた心のキャパシティは減少し、仮に100から20になったとします。そうすると10あった不安の割合は「50%」まで増加します。

当初は大した問題ではなかった出来事も、視野が狭くなることで不安が大きく見えてしまうのが、この現象の特徴です。不安なことに注目してしまうのは、その不安を解消してくれるどころか、むしろ自分を追い込むこともあると覚えておきましょう。

「愚痴る」というカタルシス

「愚痴を言う」と感情がクリアになる

ネガティブ感情に捉われるのがつらいあなたに、今日からすぐに試してほしいのが「愚痴る」ことです。

なかには「愚痴ばかりを言う人は嫌われる」「愚痴を口にすると幸せが逃げる」と言われたりしますが、「愚痴る」行為にはカタルシス効果という効果があります。**カタルシスとは、簡単にいうと「浄化作用」のことです。**心の中に溜まっている鬱々とした感情を吐き出し、解放することで嫌な気持ちを取り除けます。

人に話しただけで、胸につかえていたモヤモヤがすっきりした経験はないでしょうか。それが、愚痴ることで得られるカタルシス効果そのものです。

「愚痴る」にはもう1つ良い点があります。

頭の中の「思考」は目には見えず、不確定なものですが、言葉にすることでその思考が具現化されるということです。「愚痴を言う」のは、目に見えない感情を形のあるものに変換する作業でもあるのです。

例えば「このとき私はこういう気持ちだった」「このときは嫌な気持ちだったけど今考えるとそうでもなかった」などと、冷静な自分の感情に気づけることが非常に大事です。

32ページの「ネガティブ感情を受け止める」で解説したように、自分の感情がわからないという人こそ、「愚痴る」行為を通して心のリハビリを始めていきましょう。

話すのはSNSより浄化効果が高い

「話すのではなく、SNSで愚痴るのはダメですか？」と聞かれることがあります。私の考えとしては、「人に話す」と「SNSに書く」では、圧倒的に前者の方がおすすめです。理由は、文字数制限のあるSNSよりも言葉で話す方が、はるかに情報量が多いからです。

　ＳＮＳでの発信も悪くはないのですが、投稿に対する反応で傷つくこともあるかもしれません。それを考えると、「愚痴る」場所をＳＮＳに求めるのは避けるのが賢明な判断です。

　また、そのときに起こった事実や感じた気持ちを細かく補足できるのも「話す」メリットです。**微妙なニュアンスまで伝えることで、さらに感情の整理が行われ、自分が何に対してモヤモヤしていたのか、ネガティブな感情を抱いていたのかがはっきりしてくるでしょう。**

ネガティブな感情に気づいたら、
まずは誰かに愚痴をこぼす

雑談を増やすと愚痴が言えるようになる

この本を読んでいる方の中には、「愚痴を口にするなんて私にはできない」という人もいるかもしれません。自分の感情を表に出すことに慣れていない人にとって、「愚痴る」という行為はハードルの高い行為なのは当然のことです。

そんな人はまず、**人と雑談する機会を増やすことから始めましょう。**

相手は家族や友人、職場の人など、身近な人でOKです。また、ここで言う雑談はあまり難しく考えなくても大丈夫です。「あそこの店のケーキがおいしかった」「並んでいたら割り込まれて嫌だった」「仕事が先週より増えて大変になってきた」など、どんな内容でもいいのでまずは相手と会話をしてみることです。

繰り返しになりますが、ネガティブ感情を抱え込んでしまう主な理由は、人に感情をさらけ出すのが苦手なことが挙げられます。**小さい雑談を通じ「話す」という行為に慣れることで、ハードルが高いと思っていた「愚痴る」ができるようになります。**

ただし「愚痴る」にもちょっとしたコツがあります。

「同じ人に何度も同じ愚痴を言わない」
「相手に余裕がないときは別のタイミングで話す」
「愚痴る相手を選ぶ」

例えばこのように、愚痴を言うことで人間関係に悪影響がないよう、最低限の配慮はしましょう。

おすすめなのは「仕事の愚痴は学生時代の友人に話す」「夫婦関係の愚痴は趣味の仲間に話す」など、愚痴の内容の当事者と関係のない「話す場」をいくつか持つことです。余計なしがらみがないことで、より素直に発散ができます。

考え方⑤

「そこそこでOK」と捉える

「0か100か」で考えない

ネガティブ感情が生まれやすい人は、「こうでなければならない」「こうあるべき」など、理想が高く完璧を求める傾向がよく見られます。向上心があることは悪いことではないのですが、時としてそれが自分を苦しめることにつながってしまうのです。

ストレスを感じる傾向にはいくつかのタイプがありますが、その中でも「どんなことも自分に責任がある」と強く感じる方々がいます。

このタイプの人は自分に課す理想が高いのが特徴で、周りから見て「十分にできている」と思うようなことでも、自分の中でのハードルが高いところにあるので、いつまでたっても達成感や充実感が得られません。

こうした自責の強い人ほど、一生懸命頑張ったのに物足りなさ、不甲斐なさを感じ

て落ち込んでしまいやすいのです。

また、自責傾向のある人の多くは、曖昧なことが大嫌いです。0か100かの「ゼロヒャク思考」に陥りやすく、何でも「白・黒」「正・誤」「善・悪」をつけないと気が済みません。

「営業成績はトップでないと意味がない」
「資料に1つでもミスを指摘されたら、作り直さないと気が済まない」
「飲み会の幹事では全員が満足しないといけない」

このように、なんでも「100点」を取ることにこだわります。もし100点に達成できなかった場合、自分を「0点」と評価して、自己嫌悪に陥る傾向にあります。

すべてのことには「曖昧さ」が存在する

反対に物事をポジティブに捉えられる人は、どんなことも**「ある程度で良し」**とするのがとても上手です。

営業成績が振るわなくても「今回はこれで良し、次にもう少し上を目指そう」と捉えたり、作った資料にダメ出しをされたとしても「ここだけの指摘ならまあいいか」と考えたりできます。この差は、「そこそこでOK」と思えるかどうかにあります。

物事は、0か100か、白か黒かはっきりしないことがほとんどです。色は赤や青以外にも1700万色あると言われますし、味も辛い、甘いだけでなく、複数の味覚があります。どんなこともグラデーションとしての「曖昧さ」があるのです。**「曖昧さ」を受け入れ、「不確かなことがあっても良いのだ」と思えるようになると、毎日の頑張りを否定することなく、自己肯定感をアップさせられるのです。**

仕事もプライベートも、すべてのことに「100点」を求めたら、心が疲れるのは当たり前です。今日から「そこそこでOK」という気持ちを身につけて、自分のネガティブ感情も認めることができれば、感情との捉え方・付き合い方が変わってくるでしょう。

人の気持ちは移ろうもの

そもそも人の気持ちというのは、さまざまな要因によって変化するものです。1分前と真逆の意見になっていたとしても、何もおかしいことではありません。

「人からのアドバイスによって前とは違う気持ちになった」「自分で情報を調べたらこっちの方が良いと思った」「時間をかけて検討したら別の選択肢も見つかった」など、**自分の気持ちはその都度「コロコロ」変わって良いのです。**

曖昧なことが嫌いで、完璧を求める傾向が強い人ほど、自分の意見を変えることに抵抗があるかもしれません。しかし、状況に合わせて柔軟に変化していくのが自然なことだと、今日を機に考え方を変えてみてください。

「気持ちは移ろうもの」という前提を頭の隅に置いておくだけでも、ネガティブ感情を別の角度から見ることができるのです。

さて、序章ではネガティブ感情の正体や誤解、基本となる感情との向き合い方、ネガティブが生まれやすい人の特徴などを解説してきました。

ここでお伝えした考え方を基本に、第1章からはさまざまなシーンにおいてネガティブになる感情とどう付き合えば良いのか、具体例を用いてご紹介していきます。

「曖昧さ耐性」をつけて、
ネガティブな自分を許せるように

他人軸ではなく、
自分軸で生きる
［人間関係編］

利害関係・主従関係があると、人はネガティブになりやすい

「悩みのほとんどは『人間関係』によるもの」と言われるほど、ネガティブ感情の多くは人との関わりの中で生まれます。

そもそも人間は非常に面倒な生き物です。私たちには少なからず「自分のことを理解してほしい」という気持ちがありますが、相手にその気持ちを伝えることはできても、相手の理解のレベルをコントロールはできません。

こうして、「自分の想い」と「相手の反応」にギャップが生まれることで、「私のことを何もわかっていない」とネガティブな感情を感じてしまうのです。

また、人間関係において「ネガティブ感情が生まれやすい環境」があります。それは「利害関係」や「主従関係」があるときです。

仕事の上司と部下、取引先と顧客、社会的地位の格差など、自分の気持ちを伝えにくい関係性ではネガティブな感情が生まれやすくなります。

さらに、「共通性」の関係も当てはまります。共通性とは、「同じ地域に住んでいる」

感情の置き場所①

「同い年で学歴が似ている」「子どもが同級生」など、似たような背景や経験を持つことを指します。

相手との共通項が多いほど、ライバル意識を持ちやすく、自分と比べてしまい落ち込んだり羨んだりしてしまうのです。

このように、人間関係の中で「ネガティブが生まれやすい関係性・場面」があるということを、まずは理解しましょう。

人間関係とストレスは切っても切り離せません。次のページからご紹介するシーンのように、ネガティブになる出来事は山ほどあります。

その一方で、人とのコミュニケーションは、心の安心感や充実感につながるというメリットがあるのも事実です。そこで、本書の出番です。

この本を通して、ネガティブ感情と上手に向き合いながら、人間関係のストレスを最小限にする方法を身につけていきましょう。

シーン 1

自分の意見を聞き入れてもらえない

子どもに習い事を始めさせたい。特に礼儀を学び、精神面を鍛えられる空手を習わせたいが、妻は語学力を伸ばすために英会話がいいのではと意見が対立。

価値観を否定されると、人はネガティブになりやすい

意見が対立した際にネガティブになる理由は、「自分の価値観が否定された」と感じることで、相手の意見に反発する気持ちが起こってしまうからです。

夫婦関係でよく見られる価値観の押し付け合いは、自分も相手も苦しめる行為の1つです。普段はあまり会わない人と価値観が違うのは気になりませんが、夫婦や親し

い友人など、身近な人の方が余計に失望を感じやすくなります。

多くの場合、夫婦には「価値観をわかり合って一緒になった」という前提と、「きっと相手も同じ価値観だろう」という決めつけが自分を苦しめてしまうのです。

しかし、夫婦だからといって、意見や考え方がピッタリ同じなんてことはあり得ません。**「価値観を否定された」のではなく、「意見が違った」だけなのです。**

まずはその違いに気づき、何事もどちらが「正しい／間違っている」「良い／悪い」で判断しないようにしましょう。そう考えれば、たとえ意見がずれたとしても心が疲弊せずに済むでしょう。

相手の意見を受け止めると、心が穏やかになる

「意見は違って当然」という前提があれば、どんな話題でも「自分ではこう思っていたけど、そういう意見もあるのか」と、相手の意見を受け止めることができます。

ポイントは、どんな意見だとしても、相手の言葉を一度受け止めることです。

意見には「なぜそう思ったのか」という背景や理由がある方が多いものです。

お互いを否定せずに相手の言葉を受け止めたら、「自分はなぜ空手がいいのか」「妻はなぜ英会話がいいと思っているのか」を具体的に話し合ってみましょう。

こうしてお互いの意見の理由や背景など、＋αの情報を聞くことで、相手が納得して自分と同じ意見になったり、またその反対になったり、第3の選択肢が出てきたりするようになるものです。

意見は違って当たり前のことです。その意見の違いが何かを知ろうとすることで、夫婦の絆もより一層深まっていくはずです。

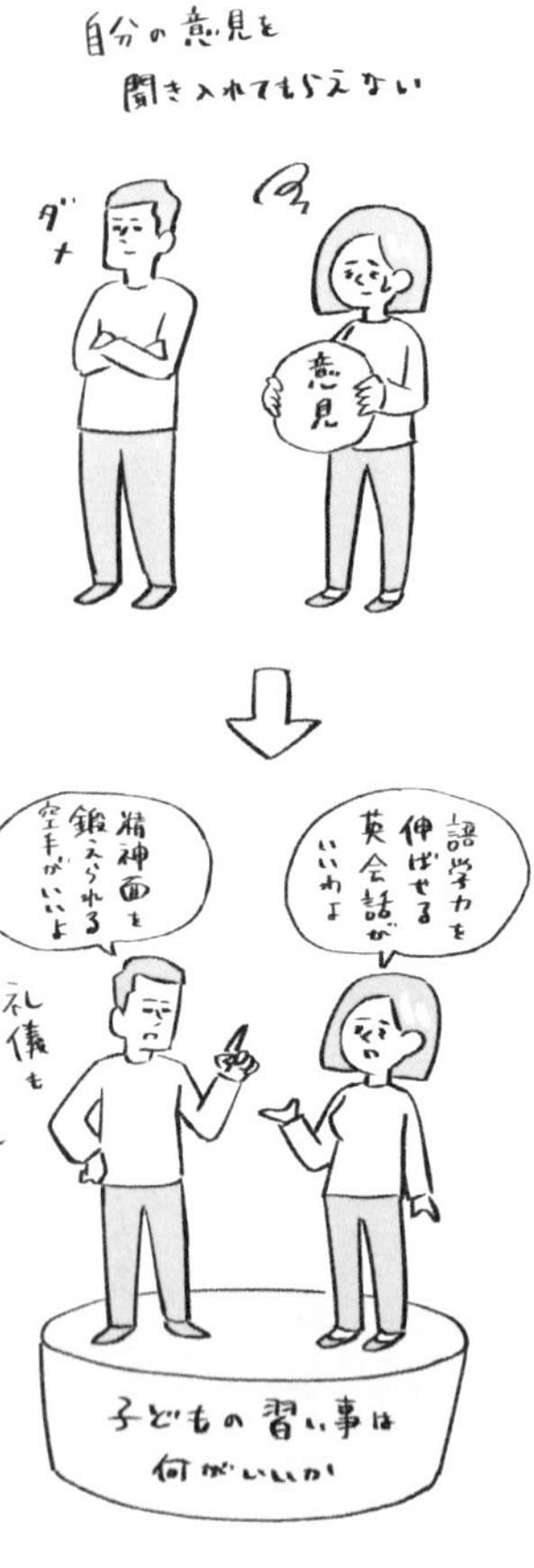
自分の意見を
聞き入れてもらえない
ダメ
意見
語学力を伸ばせる英会話がいいわよ
精神面を鍛えられる空手がいいよ
礼儀も学べるし
子どもの習い事は
何がいいか

相手の意見を受け止め、
違いを知ろうとしてみる

シーン2

子どもの頃から母の言うことは絶対。習い事、進学、就職など、これまで何もかも母の考えを元に決めてきた。母のことは嫌いではないが、大人になっても自分の意見は通じず、結局親の言う通りに生きてしまっている。

親にとって、子どもは「自己肯定感を高められる存在」

過干渉、抑圧、依存、束縛などの行為により、子どもに悪影響をおよぼす「毒親」という言葉は、1990年頃から使われています。

私も何万人ものカウンセリングをしてきましたが、人知れず親子関係にネガティブな悩みを抱える人は多く、他人同士の人間関係より根深い問題です。

「嫌いではないけど苦しい」理由は、親が自分の思い通りにしようと「支配」する傾向があるからです。

能力や知識、知恵がじゅうぶんでない子どもは、親に頼るのは当たり前のことです。大人へと成長していく過程の中で、親にコントロールされたとしても、子どもでは自分の力で反発するのは簡単ではないでしょう。

しかし、成長過程で親からの支配を断ち切る「反抗期」は誰にでも訪れます。反抗期が起こるのはごく自然なことで、大人としての自立心が芽生える第一歩です。しかし、なかには「反抗期がなかった」、もしくは「あったとしても親との依存関係が払拭できなかった」場合、大人になっても支配される親子関係が続くケースがあります。

このタイプの親は、「夫から否定される」「社会に必要とされていないと感じる」など、子ども以外から存在を認めてもらう場所がない可能性が考えられます。すると、自分の言うことに反抗せず従ってくれる子どもは、自己肯定感を高める存在へと変化してしまうのです。

大人になっても親に意見ができない、親のいいなりになってしまう、それをつらいと感じている人は、まずは親子の間に「支配と従属の関係」が続いていることに気づきましょう。

「親を見捨てるのは親不孝」の罪悪感をなくす

「親は嫌いではない、でも関わると疲れる」
「離れたいけど、かわいそうな気もする」

親子関係に悩んでいる人の中には、こうした親との心の距離感に後ろめたい感情を抱えている方を何人も見てきました。

関わりを切ろうとしてもなかなか切れないのは、**「今まで育ててもらったのに親不孝になるのではないか」**という気持ちからではないでしょうか。

もちろん育ててもらった親への感謝は大切です。でも、あなたの人生を生きているのは親ではなく「自分自身」です。**子どもを育てるのが親の義務であって、親に対して過剰に恩を返す必要はないのです。**

今こそ、「親不孝」という気持ちは捨て、罪悪感を手放すときです。

親の思う通りに生き、親の理想ばかり実現していては、自分の存在がなくなり、ますますネガティブ感情が膨らんでいきます。つらいと思うなら、親から逃げても問題はありません。

心の支配から逃れ、親の気持ちではなく自分の気持ちを第一優先に過ごしていけば、きっと負のループから抜け出せる日がやってきます。

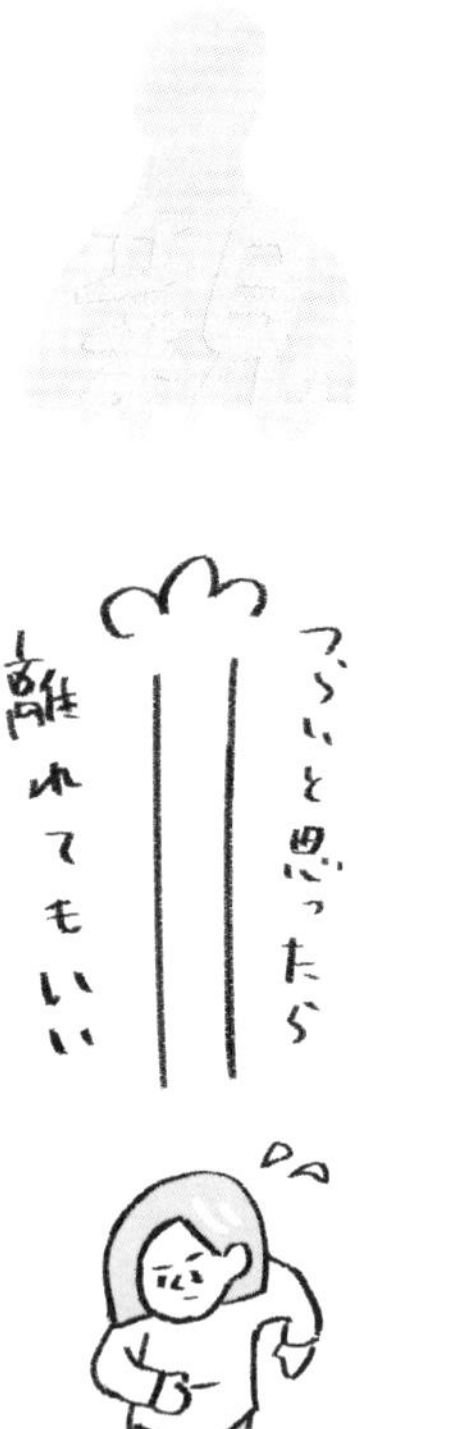

「親から逃げる」という選択も、時には大事

シーン3

無理な要求を受けてしまう

保険会社で働く先輩から「保険を紹介したいのだけど、あなたの家族にも勧めてほしい」と連絡があった。本当は断りたいのに、学生時代の関係性から断ることができず先輩に従ってしまう。

ライフステージごとに、人の価値観は変わっていく

先輩の営業を断れないのは、「古くからの先輩・後輩の上下関係は守るべき」という固定観念が心の中にあるからです。

本当は無理な要求を拒否したいのに断れず、さらに後輩としてそれに従わなければ

自分の良心が痛む。このような凝り固まった考え方や、昔の関係性だけに捉われると、自分自身を苦しめることになります。

しかし、その関係性は学生時代の頃に限った話です。今はお互い社会人として、それぞれの環境で生活をしているわけです。

学生時代は「絶対的な存在」だったとしても、就職や引越しなど、ライフステージが変わっていけば、少なからず価値観が変化するのは自然なことです。

その中で私たちにできるのは、**ライフステージの移り変わりと共に、人間関係の再構築**をしていくことです。

これまでの人間関係を捉え直し、自分が大事にしたいことを都度決めていけば、先輩からの無理な要求に苦しむことも少なくなるでしょう。

ワンクッション置いて断る

「人間関係を再構築して良い」と言われても、この本を手に取った人の多くが「すぐには関係性を切れない」と思うでしょう。

相手との関係性をいきなり切れなくても、無理な要求を上手に断る方法があります。**それは「ワンクッション置く」断り方です。**

例えば、先輩に「保険に入ってほしい」「家族にも紹介して」と言われたら、**「ちょっと考えてみますね」**と、一旦は協力的な姿勢を見せます。このとき、先輩の要求に対して「わかりました」「それは無理です」など、否定の言葉も肯定の言葉も口にしないのもポイントです。

数日時間を置いた後、「考えてみたのですが、私はお役に立てそうにありません」と、メールやチャットなど連絡のしやすい方法で正式に断りを入れましょう。

それでもしつこく強要してくる人もいるでしょう。その場合は、「先輩との関係性を考え直すタイミング」と心に決めて、多少無理してでも関係を断ち切りましょう。「一度なら話を聞いてもいいかな」と、一度でも要求を受け入れたら最後、ずっと逃れられない主従関係が続いてしまうだけです。

ネガティブな感情にならないためには、断る勇気も大切なのです。

シーン4

上司や同僚から次々と新しい仕事を頼まれてしまう。キャパオーバーでこれ以上できないのはわかっているのに、断ることができない。

その仕事は、長期的な評価や成長につながるのか

仕事を断れない人の多くは、**「断ると評価が下がるのではないか」「やる気のない人と思われたらどうしよう」**といった不安が根底にあります。

しかし、物理的に終わらない仕事量を無理して抱えたり、やりたくもない仕事を嫌々受けたりすれば、別の面で悪影響が出る可能性があります。

そして、無理に仕事を引き受けたとしても、良い評価にはつながらないでしょう。

こうした場面で、ネガティブな人ほど考えるべきは、**中長期的な判断基準**です。目先の評価を気にするよりも、新たに仕事を頼まれたときに一歩立ち止まり、長い目で見た評価や自身の成長につながるのか、を考えた上で判断することが大事です。

状況を報告して「断る」ことに慣れる

上司が次々に仕事を依頼してくる理由には、あなたがキャパオーバーになっていることに気づけず、詳しい状況をわかっていない可能性も考えられます。

断る前の第一歩として、**まずは自分の現状を伝える**ことも大切です。「今週はこれだけの案件を抱えている」「来週は○○の締め切りが3件ある」など、「何がどれくらいあるのか」を具体的に報告しましょう。

最初から「できません」と断るのが難しいのなら、「今週はできませんが、月末までならできます」と、代替案を添えて提案してみるもの良いでしょう。

「今はできない」という断り方に慣れると、仕事を断る抵抗が少なくなります。

そもそも、仕事を頼まれるのは、会社からも信頼されている証拠でもあります。**たった1回仕事を断ったからといって、急に評価が下がることは早々ないはずです。**

評価が下がるのを極端に怖がらず、自分の力を発揮できる選択を意識しましょう。

シーン5

人から信用されていないと思ってしまう

同じプロジェクトメンバーのSさんは、先日まで私と同じ意見だったのに、突然真逆の発言をし始めた。足並みを揃えて進めていたはずなのに、実は違う方向を向いていたのだと裏切られた感覚がしてしまう。

人の意見や感情は「川の流れ」のように変わる

このようなシーンでネガティブな感情が生まれるのは、裏切りによって「自分には価値がない」と感じ、それに悲観しているからだと考えられます。

「意見に賛同してもらえなかった」という不甲斐なさを感じながら、「信じていた相手に裏切られた」という怒りの感情も合わさっているのかもしれません。

人の感情は「川の流れ」と同じで、サラサラと流れる川のように刻一刻と移ろっていくものです。

カウンセリングの場でお話をする中で、相談者の方が冒頭で話していた意見や感情が、終了する頃にはまったく違う内容になっていることがよくあります。それくらい、意見や感情はすぐに変化するのです。

Sさんの「今、ここにある」意見や感情は、本物であることは間違いありません。しかし、それが**「未来も永遠に変わらないとは限らない」**と捉え直してみると、今抱えているつらさや怒りから解放されるでしょう。

意見が変わった背景を知ろうとする

このような状況になると、「もうSさんには話しかけたくもない」とシャットアウトしたくなりますが、残念ながらそれではネガティブ感情は消えません。

同じ方向を向いていたSさんが違う意見になったのは、何かしら理由があるはずです。話ができる心の余裕が少しでもあれば、**「なぜ意見が変わったのか、教えてほしい」**と、直球に理由を尋ねてみるのが良いでしょう。

意見が変わった過程を知ることで、「実はSさんはこう考えていたのか」と納得できる点が見えてくるかもしれません。

他者を理解しようとせず、モヤモヤを抱えたままプロジェクトを進めていく方が、精神的につらいことです。**自分自身が嫌な気持ちを引きずらないためにも、真意を聞く**ことは大切なアクションです。

また、自分が逆の立場（意見を途中で変えた）としても、理由があれば意見や感情が変わるのはおかしいことではありません。

もし、意見が変わって相手を混乱させていると感じたのなら、「自分はこういう理由があったから意見を変えた」と伝えてあげるのも優しさです。

シーン 6

人間関係をストレスに感じる

人付き合いが面倒くさいと感じる。ストレスが増えるくらいなら、新しい人間関係を作らない方が良いと考えてしまう。

「シミュレーションのしすぎ」が、人間関係を重荷に変える

現代人のほとんどが、何かしらの「人間関係に疲れている」と言っても過言ではありません。この状況をカウンセリングの観点で見ると、人間関係にストレスを感じている人の特徴として、**「シミュレーションのしすぎ」**が挙げられます。

「初対面の人に会ったら、なんて話しかけよう」「〇〇と言われたらなんて答えよう」

真面目な人ほど、相手とのコミュニケーションを円滑にしようと、会話の流れをシミュレーションしてしまいがちです。

しかし、いざ相手との会話が進むと、シミュレーション通りにはいきません。二言目には想定していなかった言葉が返ってきて、パニックになることもあるでしょう。

私も、中学生の頃は友人とうまく付き合いたいと会話をよくシミュレーションしていました。ただ、いくら考えても自分の想定通りにはいかず、「あんなに準備したのに」と疲弊していた経験があります。

このように、**対人関係のシミュレーションに疲れ、予定通りにいかないことに落ち込み始めると、人と関わることへの苦手意識が強まるだけです。**

また、序章でもお伝えしたように、考えすぎると不安は雪だるま式に大きくなります。始まってもいない会話を想定しすぎて、頭の中でネガティブなイメージを膨らませるのも、人間関係にストレスを感じる原因になります。

適度な距離を保てば、人付き合いはラクになる

価値観の違う人とコミュニケーションをとるのは、そもそも面倒なことです。ポジティブで人付き合いが得意な人でも、人間関係に落ち込んだり、イライラしたりすることはあります。

とはいえ、人付き合いは決して悪い面だけではありません。以前、話すことには「カタルシス効果」があるとお伝えしましたが、会話を通して人と関わっていくと、自分の気持ちを整理し、ネガティブな感情を浄化させる効果があるのです。

その際に注意したいのが、ネガティブな人ほど**適度な距離を保つ**ことです。人付き合いが苦手な人ほど、急に相手に詰め寄りすぎたり、反対に相手の温度感がわからずにそっけない態度をとったりしてしまいがちです。

こうした状態にならないためには、**浅く広い人付き合いを意識的に作っておく**ことです。こう言うとそっけなく聞こえるかもしれませんが、距離感があるからこそ、心地良い人間関係が継続できるようになるのです。

シーン
7

「いつ会える？」「〇〇に行こう！」など、メールやＳＮＳで頻繁に連絡をしてくる友人。嫌ではないが、頻繁にその人と会いたいわけでもない。誘ってくれるのは嬉しいのに、その期待に応えらない自分にストレスを感じる。

「私は私、あなたはあなた」を自覚する

ドイツの精神科医のフレデリック・パールズらが作った、「ゲシュタルト療法」という心理療法があります。その中で使われた「ゲシュタルトの祈り」という詩には、人間関係で悩む人を救う言葉が記されています。

私は私のために生き、あなたはあなたのために生きる。
私はあなたの期待に応えるために生きているわけではないし、
あなたも私の期待に応えるためにこの世にいるわけではない。

私は私。あなたはあなた。（一部抜粋）

「友人だから私とあなたは同じ」「仲がいいから同じ考えを持つべきだ」という考えに縛られると、親しい人であっても人間関係が苦しくなります。

そうならないために、**心の根っこに持つべきは「私は私、あなたはあなた」の考え方です。**こう自覚すると、「無理して相手に合わせていた自分」に気づき、自分と相手を切り離して物事を考えられるようになります。

「他人軸」を解放して、「自分軸」で生きる

相手が求めるレベルに合わせてしまうのは、**「相手が思い描く理想の私でいたい」**という不安や恐れの気持ちからではないでしょうか。

これらはすべて「他人がどう思うか」という「他人軸」の考え方です。そうではなくて、何かを決めるときには、必ず**「自分がどうしたいのか」**という「自分軸」で考えてみてください。

「自分が〇〇に行きたいのか」
「友人に今日会いたいのか」
「本当に連絡を取りたい相手なのか」

「他人軸」に支配されず、何事も「自分軸」で選択して行動する。それが定着すれば、どんな相手でもネガティブにならず、心地良い人間関係を構築できます。

他人軸
いつ会える？
〇〇に行こう！
自分軸
私が
会いたい
行きたい

どんな時でも「私は私、あなたはあなた」と心の中で唱えてみよう

他人からの評価が気になってしまう

シーン 8

会議中、自分の発言に対し、周りの人にどう思われるのかが気になる。上司や同僚に「その意見は違う」と思われないかと考えると、発言ができない。

はじめから完璧な意見は求められない

会議で発言できないのは、「悪い評価をされたくない」「自分を良く見せたい」といった無意識の見栄やプライドが邪魔をしている、もしくは「絶対に失敗してはならない」という完璧主義な性格から、気軽に発言できなくなっているのかもしれません。

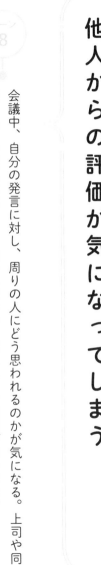

何事も高い理想を持つことは素晴らしいですが、**完璧主義者は必要以上に、高く厳しいハードルを設定しているのを忘れてしまいがちです。**

人から見るとできているのに、「100点でなければ意味がない」と自分で立てたハードルに到達しなければ、自分の中での評価はゼロ。そして、周りの人も自分を「100点でないと評価しないに違いない」と思い込んでしまっている傾向にあります。

会議の場合であれば、「みんなが賛同してくれる意見を言わなければいけない」「1つでも上司に指摘されたらダメ」など、完璧を求めすぎることが原因で、人前で発言することに抵抗を感じやすくなってしまうのです。

「ある程度でOK」を心の中で反芻する

完璧主義から抜け出せないでいると、どんどんハードルが高くなり、自分を追い込んでしまいます。その結果、ネガティブ感情が消えるどころか、強化されていきます。

ここまで読んで、「自分は完璧主義なのかもしれない」と感じた人は、少しずつハードルを下げるトレーニングをしていきましょう。

例えば、「会議中に声を出せればＯＫ」「１人でも賛同してくれたらＯＫ」など、**「自分の中のOKライン」を低く設定してみることです。**

特に真面目な人ほど、「ハードルを低くする」ことに抵抗を感じるかもしれません。すぐに目標を低く設定できなくても、**「そこそこでOK」**を心の中で反芻することで、徐々に自分自身を認められるようになるはずです。

「苦しめているのは自分自身の完璧主義にある」と気づけば、他人からの評価を気にせずに発言ができるようになります。

全員
賛同してくれ
なきゃダメ
一人でも
賛同してくれ
たらOK!
ハードルは上げすぎず、「そこそこでOK」と思えるように

プライベートに断りもなく入り込んでくる

シーン 9

親や夫、子どもについてなど、踏み込まれたくない家庭の問題を質問してくる友人に対し、嫌な気持ちになる。

踏み込まれたくない問題ほど、過剰に反応してしまう

関係性に限らず、プライベートに土足で踏み込んでくる人は一定数います。相手を傷つけたくない、うまく付き合いたい人ほど、こうした困った人をどう対処すればいいか迷ってしまうものです。

ここでネガティブな感情になるのは、「詮索されているのでは」という警戒心や、

「どこまで踏み込まれるのだろう」という恐怖心が生まれるからです。

家族の問題は親しい間柄であっても、人に言えないデリケートな問題を抱えている場合があります。自分がその問題を重く捉えているほど、相手がその話題に踏み込んできた際に不快感や困惑が強くなってしまうのです。

でも実は、**ほとんどの人は単なる世間話の延長で、質問に深い意味はないことの方が多いのも事実です。**自分にとってデリケートな問題だからこそ、聞かれたときに過剰に反応してしまっているだけ、というケースも考慮してみましょう。

ただし、「ここだけの話なんだけど」「誰にも言ってないんだけど」という言葉を使い、特別感を出してくる人には要注意です。

こうした言葉を使う人は、他者との距離感を読めない傾向があります。主従関係を作りたがり、依存性を求めやすいので、無理して答える必要はありません。

1から10まで話す必要はない

子どもの頃からの親友、学生時代の友人など、どんなに親しい間柄でも話したくないことはあります。それが自分のことではなく、家族が関係すればなおさらです。**誰が相手であっても、話したくないことを言う必要はどこにもありません。**

そうは言っても、親しい間柄ほど断りづらいかもしれませんが、そんなときはまず「ごめんなさい」のひと言を伝えましょう。それでも聞いてくる場合は、

「家族のことは話せなくて」

「これ以上は話したくなくて」

などと、話を濁すだけで良いのです。このように話せなくても、「相手に悪いかな」「不快にさせたかな」と気を遣う必要もありません。**大事なのは、相手の期待に応えるよりも、いつだって自分の気持ちに目を向けることです。**

シーン 10

苦手な人と付き合わざるを得ない

「なんとなく苦手」と思っていた同僚と同じプロジェクトチームになってしまった。その同僚とどうやって付き合えばいいのか悩んでいる。

苦手と感じるのは、「潜在意識」が関係しているから

「この人が苦手」という感情は、実は脳の勘違いである場合があります。相手に抱く不快感は、自分の奥深くに隠れていた「潜在意識」が大きく影響していて、例えば

「子どもの頃にいじめられた〇〇さんに似ている」

「前の会社でパワハラをしてきた上司と好きなブランドが同じ」
「昔ケンカした友人と話し方がそっくり」

など、自分が持っている過去の脳内データと結びつくことで、無意識に「苦手」と脳が感じてしまっているケースもあるのです。

「なんとなく苦手」と思ってしまった際は、まずは**「記憶」というフィルターを外し、その人自身に意識を向けて「具体的にどこが苦手なの」を考えてみましょう。**

相手をよく知った上で、それでも「苦手」と感じている場合は、「苦手な理由」が改善できることであれば、実際に伝えてみましょう。

過去にトラブルがあったなら「今回はこのように進めたいです」と伝える。

嫌な思いをした経験があるなら「別の方法でお願いできないでしょうか」と伝える。

このように自分の意見を素直に伝え、お願いするのが良いでしょう。

理由もわからず漠然と「苦手」と思っていると、関わる度に嫌な気持ちになってしまうだけです。それならば、早めに**「なぜ苦手なのか」に目を向けて、その人との向き合い方を考えてみる**ことで、改善策を見つけてみましょう。

それでも合わない人とは距離を取る

ときには「何を話してもトラブルになる」「関わると仕事がうまくいかない」など、良好な関係を築けない人もいるでしょう。その場合は距離を取ることです。

相手と合わないとわかっているのに、「仕事だからなんとかしなくちゃ」と、無理する必要はありません。 コミュニケーション力が高くても、合わない人はいるのです。

社会人として最低限の報告・連絡・相談は必要ですが、「極力接点を少なくする」「対面する機会を減らす」「他のメンバーを介して伝えてもらう」など、物理的な距離を確保しましょう。それが自分の気持ちを穏やかに保つ秘訣です。

私がこれまでカウンセリングしてきた方の中で、オフィスの席替えをしただけで、「苦手な人と物理的な距離ができ、嫌な気持ちがなくなった」という例もありました。席替えが難しければ、パーテーションを設置する、座る位置を変えるなど、苦手な人を視界に入れないようにするだけでも効果的です。

シーン 11

田舎に住んでいる私は、地域の人との密な付き合いは当たり前。本来はあまり人と関わりを持ちたくないけれど、コミュニティや地域社会を成立させるには付き合わざるを得ない環境にストレスを感じる。

「精神的な居場所」がなければ、ストレスの原因になる

会社や学校、家族など、私たちは何かしらのコミュニティに属しながら生活をしています。

しかし、例えばフルリモートの会社で仕事は成立するけれど、社員とのコミュニケーションは少ない場合。そのコミュニティが「精神的な居場所」としても機能しなければ、ネガティブな感情が生まれやすくなります。

「本音を話せない」「自分をさらけ出せない」という状況が生まれることで、私たちは居心地の悪さを感じてしまうのです。

このようなタイプの人に多いのが、「他者優先」の思考です。**自分の意見よりも人の意見を優先してしまい、いつも自分が我慢することを選んでしまう人です。**その結果、「ここにいてもつらい」「居心地が悪い」と思ってしまうのです。

しかし、その地域で生活を続けていくのなら、自分の気持ちを押し殺して人に気を遣ってばかりでは、心がパンクしてしまいます。

そして、この他者優先の視点は、心の優しい人が持ち合わせているケースも多く、手放すのは決して簡単ではないのです。

「自分なりの線引き」を持って付き合う

小さなコミュニティの中でストレスなく付き合っていくには、**自分なりの線引きを作ること**がポイントです。

そして、「断ること＝悪いこと」と考えるのではなく、これからは**「断ることも大事なコミュニケーション」**と捉えてください。

狭い地域社会では、与えられた役割を断るのは相当な勇気がいるかもしれません。

しかし、「自分なりの線引き」を持っている方が毎回ネガティブにならずに済み、細く長く人付き合いができるのも事実です。

すべてを拒絶する必要はなく、

「〇〇はできませんが、□□ならできます」

「夜の会合は行けませんが、午前中は出席できます」


など、できる範囲を提示して参加してみましょう。

自分の都合で参加の可否を決める。それでいいのです。

自分の気持ちを無視してまで他人に合わせると、必ずどこかで歪みが出てきます。

そうならないためにも、程よく線引きを保った心地良い付き合い方を探りましょう。

シーン
12

友人との対立

過去のお金の貸し借りで、友人と対立してしまった。貸したお金を返してほしいけれど、毎回何かしらの言い訳をされて先延ばしされてしまう。

親しい関係の方が、「お金を返して」が言いづらい

お金の貸し借りは、親しい仲でも人間関係を破綻させる要因になります。貸した方は、最初は「相手が困っているから」「役に立ちたい」という思いから貸したとしても、返してもらう際には案外「返して」の一言が言えなくなります。自分が貸したお金なのに、相手に催促することには抵抗感が生まれてしまうのです。

私が行っている企業向け研修に、「伝える」というカテゴリーのワークがあります。その中で、「飲み会で同僚に1000円を貸しましたが、返ってきません。どうやって返してもらいますか」という課題を参加者に考えてもらいます。

一番多いのは、「お金を返してと言い出す機会を作るために、また飲み会に誘うこと」「財布を忘れたから、1000円貸してと伝える」という答えでした。

このワークを何百回とやっていますが、毎回この回答が大半を占めます。それくらい「お金を返して」とストレートに言えないと感じている人が多いのです。

また、友人関係など親しい関係になればなるほど、お金を返せない個人的な事情や理由を知っているから、ますます強く言えないケースもあるでしょう。

「本気度」を見せて、早く確実な解決を

「お金を返して」と言えない理由は、「催促したら嫌がられるかも」「心が狭い人と思われそう」「お金に執着していると思われるかも」という気持ちが邪魔をしている

のではないでしょうか。

あれこれ言い訳して返却を先延ばしにする相手には、**本気度を見せる**ことが重要です。「貸したと思うんだけど」「できれば早く」といった曖昧な催促では、お金はなかなか取り戻せないでしょう。

例えば「来週の○日までに、私が貸した○○円を全額返してほしい」と、具体的な日付と金額を伝えます。何回も催促している場合なら、「悪いんだけど念書を書いてもらえるかな」と、依頼しても良いでしょう。

お金の問題は言いにくく、解決しないとモヤモヤが続いてしまいます。**悩みを引きずらないためにも、「早く」「確実に」返してもらう方法を考えましょう。**

わだかまりがあるまま関係性を続けるのは、お互いが不幸になるだけです。「お金を返してほしい」と口にするのは、決して恥ずかしいことではないのです。

シーン
13

友人に自分の秘密をバラされてしまったことで対立。その友人を信頼していたから話をしたのに、関係性が破綻してしまったようで悲しくなる。

信頼度が高い関係ほど、裏切られたときに苦しくなる

このシーンのようなネガティブ感情は、信頼していた人に裏切られたことによる悔しさや悲しさからきています。秘密が守られると信じていたのに、それが守られず、「あなただから伝えたのに」というやるせない気持ちもあるでしょう。

残念ながらこの場合、相手だけを責めるのは難しいでしょう。

当然ですが、**「誰と」「どこまで」秘密を共有するかは、相手ではなく自分が決めることです。**

もちろん信頼している人であれば、「他言することはないだろう」と思って当然ですし、信頼度が高いほど、想像と現実との乖離に苦しくなります。

また、信頼している人に裏切られたことで、「私には人を見る目がないのかも」という自分の判断力に対する残念な気持ちも湧き上がっているでしょう。

ただ、友人であってもまったく同じ考え方、温度感で秘密を共有してくれるとは限りません。口が堅い人もいれば、おしゃべりな人もいます。悪気はなくても、世間話としてポロッと話してしまうこともあるでしょう。

素直な気持ちを伝える

友人としてこれからも付き合いたいと思うのなら、素直に気持ちを伝えるしか方法はありません。例えば「秘密を周りに言われて悲しかった」などと、

何が嫌だったのか
それによってどんな感情になったのか

の2つをセットにして伝えてみてください。

このときに注意したいのは、相手を責めるような言い方を避けることです。自分のイライラが伝われば、本当の気持ちが伝わらず関係性の悪化につながってしまいます。**自分自身の気持ちを包み隠さず伝えることで、和解の糸口を見つけられるのです。**

それでも相手が理解を示してくれず、向き合う気持ちがない場合は、距離を置いて一旦離れるのが正解です。「もう誰も信頼できない」と絶望するかもしれませんが、他の場所での人付き合いを諦めないことも大切です。

その時々で「話せる相手」を見つけていくのも1つの手です。

シーン14

家族と良い関係が築けない

自分の話に耳を傾けてくれない子どもとの関係に悩んでいる。進学や就職など、悩みの多い時期に親としてサポートしたい気持ちはあるのに、イライラして子どもに声を荒げてしまう。そんな大人気ない自分の言動に落ち込む。

親への反発は、成長過程で健全なこと

親として子どもをサポートしたい気持ちは尊いことですが、子どもは親の代わりに夢を実現する代用品ではありません。

「子どもなんだから、親の言うことを聞いて当たり前」

こうした気持ちが少しでも心の中にあると、子どもはそれを敏感に感じ取り、関係性に悪影響を及ぼします。

親の言うことに対する反発は、子どもが成長する過程として、むしろ健全なことです。人から言われたことをそのまま鵜呑みにせず、自分なりの考えを持ち、行動していく人間に育てば、親としても嬉しいのではないでしょうか。

成長過程にある子どもには、自分なりの考えや意見があるはずです。親はそれを見守り、**「子どもが自分らしさを模索している最中」**だと認識しましょう。

1人の人間として尊重する

子どもに限らず、人は自分の思い通りにならなくて当然です。その大前提に気づくだけでも、肩の力を抜いて親子関係に向き合えるようになります。

子どもを「思い通りにコントロールしたい」という支配欲がないか、今一度、自分に問いかけてみましょう。

反対に、親の考えを押し付けては、子どもとの心の距離感が離れていくばかりです。**重要なのは、子どもを1人の人間として尊重することです。**カウンセリングの観点からできるアドバイスは、親子でお互いの意見を述べて、対等に話し合える関係を目指してみてください。

シーン 15

「生活態度が悪い」「勉強しない」「成績が悪い」などの理由から、子どもとのケンカが絶えない。子どものためと思って言っているのに、素直に聞き入れてもらえないことが腹立たしい。

正義や正論だけで相手は動かない

前にもお伝えしましたが、**正義や正論だけで相手が動くとは限りません。**

たとえ親が言っていることが正義や正論だったとしても、人から指示されて「変わりなさい」と言われたところで、子ども自身にやる気がなければ何も変わりません。

また、心配や愛情といった親目線の印象の良い言葉で包まれていますが、実はその裏には「子どもをコントロールしたい」という支配欲のある人が多いのです。

「お決まりパターン」を崩すと関係性が変わる

親「勉強しなさい！」
子ども「今やろうと思っていたのに……」
親「いつまでテレビ見てるの！」
子ども「ウザイ……」

親も子もいつも決まり切った言葉を繰り返しているという人がほとんどでしょう。
このように、同じパターンに陥っていくコミュニケーションを心理学では「ゲーム」と言います。「いつものパターンでケンカになる……」という夫婦関係も同じです。

ゲームは、どちらか一方がやめるまで永遠に続きます。毎回ハマってしまうパターンを崩すには、「言い方を変える」「あえて言わない」といった、いつもと違うアクションが有効です。

例えば、「勉強するのが嫌な時もあるよね」「ほんと宿題は面倒だよね」など、いつも言わないようなフレーズや子どもに同調する内容を伝えたり、「○○しなさい！」などの指示をあえてしないのも効果的でしょう。

すると、子どもは昨日と違うことに違和感を覚え、いつも成り立っていたゲームが少しずつ崩壊していきます。

「今やろうと思っていたのに……」「ウザイ……」を言うお決まりのパターンが崩れ、これまでと違うやりとりが生まれるきっかけになるでしょう。

一度でガラッと変わることは難しいかもしれませんが、何回か続けると子ども自身が自分で考え、自発的に行動に移してくれるようになるはずです。

友人関係で悩む

シーン16

学生時代の友人と久しぶりに会っても、会話が噛み合わなくなってきた。社会に出て新しい交流もあるが、どういう人を友達と呼んでいいのかわからない。社会人になっても友達が増えていく人を羨ましく思ってしまう。

学生時代のコミュニティを見直してみる

仕事にプライベートと、時間の限られている社会人にとって、必要のないコミュニティをリセットしていく勇気も必要です。特に、友人関係に悩む人からの相談で多いのが、昔の友人との付き合い方です。

「30年来の友達だから、食事に誘われたら行かないといけない。本当は嫌でしょうがないのですが……」

こんな相談がよくあります。しかし、「長い間続けてきた関係だから切ってはいけない」「会うのは嫌でも自分が我慢しよう」という自己犠牲をしてまで、人と付き合う必要はありません。学生時代とはお互い価値観が変わってきますし、優先したいことも変わっているはずです。

大人になったらコミュニティの選別をしてもいいのです。

会話が噛み合わなくなってきた学生時代の友人よりも、今の自分が一緒にいて心地の良い相手との時間を大切にしましょう。

友達を増やすのではなく、関わりを増やす

友達が欲しい人や、友達がなかなかできないという人の中は、「友達に求める条件」が多すぎることがあります。

なんでも話せる友達
旅行できる友達
家に遊びにいける友達
趣味が合う友達
価値観が合う友達

それらをすべて網羅する友達を見つけるのは、かなりハードルが高いことと言えるでしょう。

おすすめは、「Aさんは仕事の話」「Bさんは趣味の話」「Cさんは推しの話」というように、**自分が話したい内容ごとに関わりを持てる人を増やしていくこと**

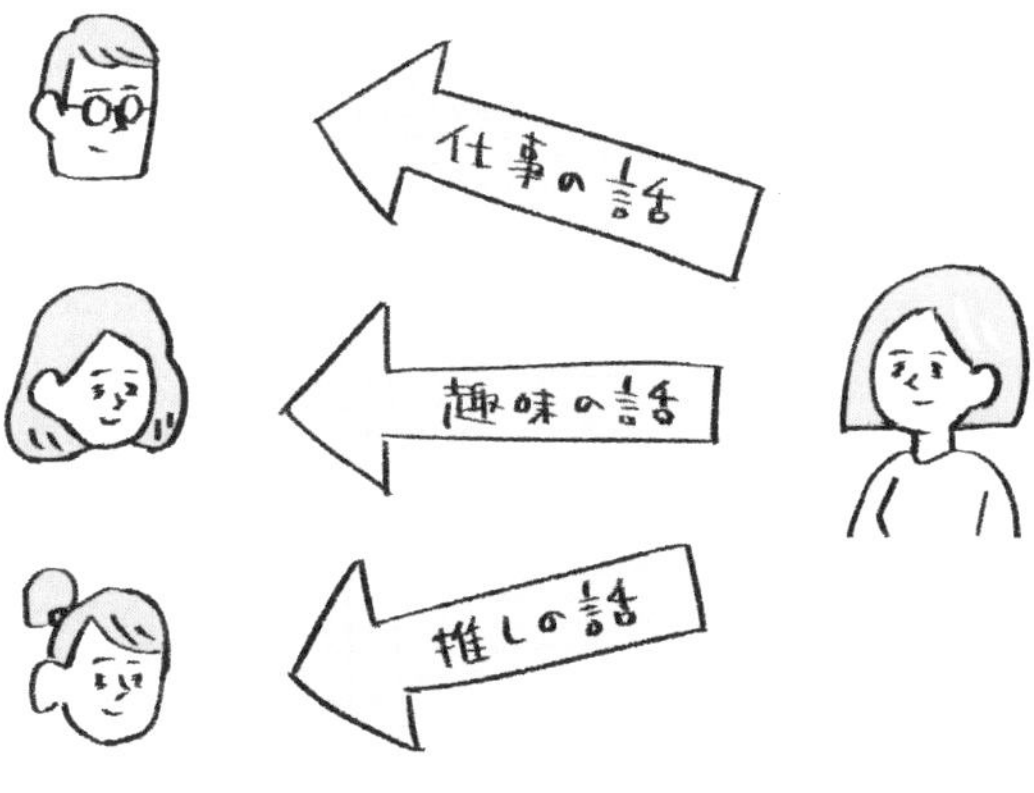

友達ではなく「関わり」を増やす

です。

その際、1人ひとりと友人のように深く関係性を持つ必要はなく、必要な時につながることができる、ゆるやかな付き合いが続けられていればOKです。

多くのカウンセリングを通じて感じるのは、「友達」と呼べる存在ではなくても、いろんな話ができる人を複数人持っている人の方が、余計なストレスがなく、心を安定させられている傾向が見られることです。

また友達は、どちらかが犠牲になったり我慢したりするのではなく、お互いが認め合える関係性が理想的です。社会的地位や経済力などを取っ払い、お互いにフラットに付き合える人こそが、あなたにとっての友達と言えるのです。

コンプレックスを感じる

シーン17

自分の外見に自信が持てない。美容整形で外見を変えたいけれど、経済的理由から簡単にはできず、見た目に満足しないまま生きるのがつらい。

理想のビジュアルとの比較から劣等感が生まれる

SNSやインターネットの発達により、私たちは芸能人やインフルエンサーなど、自分が理想とするビジュアルを簡単に見つけられるようになりました。そのためか、美しい女優の方やモデルと自分を比較して、劣等感を持つ方が増えてきたと感じます。

自分の見た目に過剰にこだわり、それを欠陥と思い込んでしまうことを**「醜《しゅう》形《たい》恐**

怖」と言います。例えば、

「自分が嫌われているのはこの顔のせいだ」

「目が大きくないから暗い人と思われているに違いない」

などと、人は気にしていないような外見の一部を欠陥と捉えて苦しくなります。その結果、美容整形を繰り返してしまう人も少なくありません。なかには「人と話せない」「目を合わせられない」など、対人恐怖症につながるケースもあります。

「顔立ち」ではなく「顔つき」を変える

美容整形にできるのは、目を二重にする、鼻を高くするといった「顔立ち」を変えることです。

もちろん、外見が今より美しくなれば、人に好印象を与えられるのも事実なのかもしれません。しかし、生きるのがつらい、人生がうまくいかない原因は、本当に「顔立ち」のせいでしょうか。**どれだけお金をかけて「顔立ち」を変えても、自分自身の内面がそのままでは何も変わらないのです。**

人生を好転させたいなら、**「顔立ち」よりも内面から表情ににじみ出てくる「顔つき」を変えることに意識を向けましょう。**

「外見に自信がない」という気持ちの裏には、

「人から良く思われたい」
「明るい人に見られたい」
「もっとうまくコミュニケーションを取りたい」

といった思いも隠れているはずです。それを実践するために必要なのは、顔つきを変えて、自分の内面やコミュニケーションと向き合うこと。その方が伸びしろは大きいのです。

「顔つき」はお金をかけずに自分で変えられる、数少ないセルフプロデュースです。優しい口調で話してみる、相手の目を見て話してみる、口角を上げてみる。たったこれだけで、表情が明るくなり、別人のように見られるのではないでしょうか。

そして、「顔つき」が変われば、コンプレックスと思っていた部分も気にならないどころか、チャーミングポイントになるかもしれません。

似ても似つかぬ…
そんなことより
相手の目を見る
口角を上げる
愛嬌よく

自分の力で変えられる
ことに目を向けよう

シーン
18

学生時代にいじめられた過去の経験がトラウマに。そのせいで、社会人になっても「自分には価値がないのでは」と、コンプレックスに感じてしまう。

過去の「捉え方」は自分次第で都合良く捉えられる

よく「他人と過去は変えられない」と言われますが、**「今」が変われば「過去」は変えることができます。**

「学生時代にいじめられた」という過去は変わりませんが、「過去の捉え方」は自分次第で変えられます。それによって、過去のトラウマを自分で克服できるのです。

例えば、過去に大失敗があったとしても、失敗をバネにしてその後に成功を手に入れたなら、「あのときの失敗があったおかげ」「失敗したから気づけたことがある」などとポジティブに捉えられます。その際、自分の都合で捉えても問題ありません。

失敗が一度もなければ、成功もありません。つらかったことも含めて、**「過去の経**

験すべてが今の自分につながっている」と捉え直してみましょう。

「他責思考」を変える

自分次第で過去の捉え方は変えられますが、中にはいつまでも他人に責任を委ねてしまう人がいます。

こうした「他責」の気持ちが強いと、「あの人のせいで自分の人生はおかしくなった」「自分のコンプレックスはいじめのせい」という思考からずっと抜け出せません。

いじめられた経験、過去に受けた嫌な体験は、その本人にしか知る由はありません。しかし、過去にいじめられた経験があるからこそ、人に優しくできたり、弱い立場の人の気持ちがわかったりすることもあります。それだけでも「価値がある」経験と言えるのではないでしょうか。

過去の事実は変えられませんが、それをバネにして跳ね返す行動力があれば、誰でもコンプレックスを良い方向に切り替えられることを忘れないでください。

シーン
19

孤独を感じる

大企業で安定した仕事に就き、職場では人との関わりを感じられる。しかし、1人暮らしの家に帰ると、孤独を感じて虚しい気持ちになる。

「1人暮らし＝孤独」とは限らない

「自分は社会の一員として活躍している」という感覚を、心理社会的同一性と言います。この感覚があると、たとえ1人暮らしで同居人がいなくても、心の孤独感を感じにくくなります。その反対に、

「人の役に立てていないと感じてしまう」
「社会に適応していないのではないか」

といった「心理社会的同一性」が満たされないと、孤独を感じやすくなります。
つまり、「家に帰ってひとりぼっち」であることが、必ずしも孤独の根本原因ではない可能性が考えられるということです。

人と話したり、一緒に過ごしたりする時間も大切ですが、人が生きていくためには、1人の時間を持つのも同じくらい大事なことです。
心を穏やかに保つには、その両方の時間が欠かせないのです。

「自分の活躍を認める」ことで、孤独な感情はやわらぐ

「人の役に立っている」「社会に適応して活躍している」という感覚を取り戻すには、**小さなことでも良いので、自分の活躍を認めてあげる**ことが大事です。

仕事をしていれば、たとえ小さなことでも、必ず誰かの役には立っているはずです。そうでなければ、仕事を通して対価を得ることはできないからです。

社員全員が大きな成果を上げるのは難しく、これまでにない成果を上げることが望まれているわけではありません。1人ひとり、活躍の場所や役に立てるフィールドは違います。

自分なりの定義で社会の役に立てていると思えれば、それでOKです。

自分を認めて「社会の一員である」という感覚を持つことができれば、徐々に孤独から解放されていきます。

シーン 20

昔から両親が嫌いで、実家を出てからはまったく連絡を取らなくなった。親との関係の悪さが影響し、兄妹や親戚とも疎遠になりつつある。

青少年期の親子関係が、「不安を感じやすくなる性質」かを決める

アメリカの心理学者として有名なエリクソンによると、多感な時期は13歳〜18歳と言われます。また、厚労省では15歳〜25歳と、厳密な期間が定められていないのが青少年期です。

この頃は、「自分とはどんな存在なのか」を自問自答する大事な時期です。

自分が自分であることを他者や社会から認められることを「自己同一性」と呼び、いわゆる「アイデンティティ」が確立されていきます。

この時期に親との関係性が悪いと、残念ながら「自分の存在」というものに向き合えず、混乱や不安を感じやすくなる傾向にあります。

「自分が何者なのか」がわからないまま成長してしまうと、大人になっても自分の役割がわからずに苦しめられるのです。

また、子どもの頃に感じた「愛情飢餓」は、大人になっても自分の中に残ってしまうものです。親への恨みがあっても、「親が病気になった」と聞けば、反抗的な態度を取る自分に罪悪感が湧いてくる、という複雑な心理状況になります。

ネガティブな思い出を、自分から掘り起こさない

青少年期から続く親との不仲は、自分の努力だけではどうにもできないことです。こうした親子関係を根本から解決するのは難しく、方法としては親と程よく付き合っていくくらいでしょう。

過去の家族関係が悪かった場合、たとえ親に病気や介護の必要などがあったとしても、今さら深く関わりを持つ必要はないと思います。それでは、青少年期に健全な成長が促されなかった環境に、自ら戻ってしまうだけです。

ネガティブな思い出を掘り起こすことを、自ら行う必要はないのです。

自分の気持ちを理解してくれない

シーン 21

仕事で嫌なことがあった際は夫に話すようにしているが、私の話を真剣に聞いてくれない。自分のことを理解しようとしない夫の姿勢に、冷めた気持ちになる。

「事実ファースト」で話せば、自分も相手も疲れない

カウンセリングの手法で、相手の気持ちを「聞く」立場のときは、「感情から聞く」というのが基本とされています。

「悲しかったんですね」「つらかったんですね」という気持ちを先に受け止め、その後に「何があったのか」と事実を確認するという順番で話を聞いていきます。

一方、**自分の気持ちを「話す」際は、「事実を先に述べる」ことが大事です。**これが相手に耳を傾けてもらうための大事なポイントです。

「本当に嫌なことがあったんだけど。昨日、部長が急に怒り出してさ」

このように「感情↓事実」の順番で話すと、相手にとっては「面倒くさい話が始まりそう」と思われてしまいかねません。

しかも、そうした話を頻繁にされれば、たとえ家族だとしても話を聞くことに疲弊して、真剣に聞いてもらえなくなってしまうでしょう。

「昨日部長が〇〇について、いきなり怒り出したんだ。それで私、すごく嫌な気持ちになったんだよね」

例えば、このように「事実↓感情」の順番で話しかけてみてください。まず事実を説明すれば、それに対して相手は「何があったの？」と聞き返しやすくなります。

仕事で起きたこと、感じたことを人に話すのは、ストレスリセットにも有効です。「話し方」を工夫することで、相手もあなたの気持ちに寄り添いやすくなるはずです。

自分の理解者は、家族だけでなくていい

とはいえ、「事実ファースト」で話しても、家族が耳を傾けてくれないときもあるでしょう。そんな時は、その相手に伝えることにエネルギーをかけるより、別の人に話を聞いてもらう方が、ストレスリセット効果は高くなります。

夫婦であっても、日常で起こるすべての出来事を把握する必要はありませんし、お互いの気持ちを１００％理解するのは難しいものです。

友人や職場の人に同じ話をして、夫以上に「そうだね」「大変だよね」と理解を示してくれる相手がいれば、今感じているモヤモヤもすっきりするはずです。

また、シーン16でもお伝えしましたが、夫には家族内の話や将来の話、仕事の話は職場の人や元同僚、趣味の話は友人など、**話したいテーマ別に話せる相手を複数作っておくのも良いでしょう。**

シーン
22

できる限り仕事に集中し、結果を出したい時期なのに、妻からは「もっと家庭を顧みてほしい」と言われてしまう。「将来のために今頑張って、家族を安心させたい」という気持ちがなかなか理解してもらえない。

苦しさの原因は、感情と行動が相反しているから

何かしらの意思決定をする際に、自分の利益と他者の利益が衝突して起こる葛藤状態を「ジレンマ」と言います。これは日常用語として使われていますが、まさにこのシーンの状態もジレンマによってネガティブ感情が生まれています。

さらに、**「ヤマアラシのジレンマ」**という心理学用語があります。体にハリを持ったヤマアラシが「相手と仲良くなりたい」と距離を縮めるものの、ハリが刺さって相手を傷つけてしまう。そんな対人関係に起きる矛盾や葛藤を表した言葉です。

この「ヤマアラシのジレンマ」のように、家族を安心させるために仕事を頑張りた

いのに、結果として家族を傷つけてしまう状態と似ています。
これは、感情と行動が相反することにジレンマを感じ、お互いが苦しい状況に置かれてしまっているのです。

行動の原動力は「気持ち」にある

あなたを突き動かす原動力には、必ず「気持ち」が必要です。

人が行動に移す一番の理由は「気持ちが高まったとき」ですが、反対にその状況でなければなかなか行動に移せません。痩せたいと思っても「甘い物を食べたい」気持ちの方が大きければ、ダイエットを先延ばしにするのと同じことです。

この場合も、「家族を安心させたい」「将来のために」という気持ちから、「今、仕事を頑張らなければ」という原動力につながっているはずです。

人は、気持ちが向いていない方にエネルギーをかけることが本当に苦手な生物です。

だからこのシーンの場合なら、今まさに気持ちが向いている「仕事」を優先させるのが得策です。気持ちが「家庭」に向いていないまま、どちらにも時間を割こうと思っても中途半端になるだけでしょう。

もちろん、家族を大事にするために、そのフォローも大切です。まずは、「将来的にこうした働き方をしたい／収入を作りたいから、今は仕事に時間を使っていきたい」と気持ちを素直に伝えてみましょう。

そして、妻の気持ちを聞き、「週1日は家族と過ごす時間を作る」「洗濯と休日の料理は担当する」など、具体的にどう家族と過ごすのかを話し合ってみてください。

自分の気持ちを優先しつつ、お互いを尊重し合える形を見つけていきましょう。

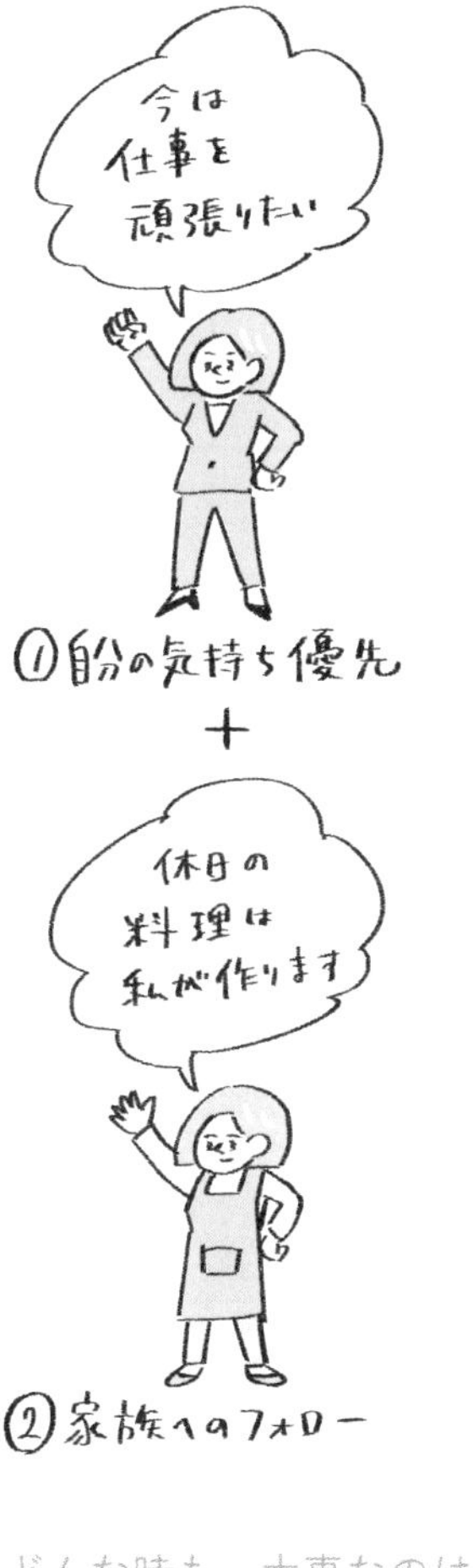
今は仕事を頑張りたい
①自分の気持ち優先
+
休日の料理は私が作ります
②家族へのフォロー

どんな時も、大事なのは「自分の気持ち」

シーン23

人との距離をうまくつかめない

初対面から踏み込んだ話をしてしまい、変な空気になることがある。場面や相手に合わせて、発する言葉や態度を適切にコントロールするのが難しい。

「親しくなりたい」という焦りが、相手との距離感を狂わせる

踏み込みすぎたひと言でネガティブになる理由は、「親しくなりたい」「関係性を築きたい」と思うあまり、気持ちが焦ってしまっていることが考えられます。

「なんとか今日、この時間で関係性を築こう」

と過剰に意気込むと、相手との距離を詰めすぎて、恐怖感や緊張感を与えてしまいます。それでは相手から引かれてしまい、逆効果になります。

また、初対面から相手に踏み込んでしまうのも、不快に思われる可能性があります。例えば営業や勧誘をされるシーンで、家族関係やお金の話に触れられると嫌な気持ちになった経験はないでしょうか。自分のことを知らない相手に自分のテリトリーを侵害されるのは、誰でも気持ちのいいものではありません。

初対面でネガティブにならないためには、**最初は「もう少しこの人のことを知りたい」と思われる程度に、自分の情報を小出しにしていく**のが望ましいです。

例えば仕事関係の相手なら、プライベートではなく仕事の範囲の話に留める、ラジオ好きとの話ならラジオ番組の話だけをするなど、まずは相手との共通の話題からスタートし、2回目以降に会うときに別の話題へと広げましょう。

初対面では、何より相手に安心感を印象づけることが大切です。

はじめから相手のすべてを知ろうとしなくていい

最近では、初対面での話題を増やすために、事前に相手のSNSをチェックしていく人がいます。

その相手と会う目的が、SNSで発信している内容を話す場なら良いと思いますが、仕事やプライベートで初めて会った人に「先週、北海道に行っていたんですよね」「料理がお好きなんですね」と、事前に情報を知られているのも驚かれてしまうでしょう。

何でも調べられる便利な時代ですが、人との距離感を保ちながら関係性を築いていくには、事前の情報リサーチもほどほどに留めておくことです。

SNSで調べるよりも、**会う回数を重ねながら相手を知り、自分のことも知ってもらう**方が、ほどよい距離感を保ちながら、長く付き合える関係性を築けるのです。

シーン 24

人からの誘いを断れない

疲れて早く帰りたいのに、上司や同僚に「飲みに行こう」と誘われると断れない。本当は行きたくない気持ちはあるが、断り方がわからずストレスを感じる。

コミュニケーションは、飲み会以外でもとれる

行きたくない飲み会や無意味な会議など、誘いをはっきり断れない心理として、「自分の立場や評価を下げたくない」「上司との関係性に亀裂が入るのではないか」といった不安が考えられます。

ですが、飲み会を一度断ったからといって、即関係性の悪化につながるとは考えら

れません。「断ること」で起こるデメリットを、過剰に不安視する必要はないのです。例えば仕事中の雑談や、取引先への移動中の会話など、飲み会以外のシーンでコミュニケーションを取れているのなら、問題はありません。

断る理由はなくてもいい

飲み会を断る際に、明確な理由は必要ありません。

ただ「行きたくない」も正当な理由になりますし、理由を言わないと気まずいと感じるなら、「体が疲れている」「今日は予定がある」「リアルタイムで見たいテレビがある」など、当たり障りのない理由でOKです。

反対に、誘いを断らないままでいると、周りの人に「毎回飲み会に参加するメンバー」と認識され、ますます断りづらくなるだけです。

行きたくないのなら無理して参加せず、**上司から「飲み会に行かない人」と認識されるの**も上手な手法です。その方が、誘いにビクビクすることなく、気持ちがラクになってくるはずです。

ただ、時代が変わっても「飲みニケーション」が有効な手段となる側面があるのも事実だと思います。

働き方改革が進み、メールやチャットでのやりとり、リモートで顔を合わせる機会が増えた今、リアルな飲み会での会話により、コミュニケーションが活性化するケースもあるでしょう。デジタル上でのやりとりでモヤモヤしていたのに、たった2時間の飲み会で解決するのなら、むしろコスパも高いです。

「飲み会自体が嫌い」ならば行く必要はありませんが、少しでも「行ってもいいかな」と思えるのであれば、自分に負担のない範囲で参加してみるのも良いでしょう。

シーン
25

私はインドア派で、恋人はアウトドア派。遊園地やキャンプ、釣りなど、早朝のデートに誘われるのは好きではない。相手のことは好きだけど、無理をして気が乗らない誘いに付き合うのがしんどい。

「本音を言えない」のは自己防衛の表れ

相手を傷つけたくない。自分も傷つきたくない。その上で関係性を良好に保ちたい。このシーンでは、そんな気持ちがネガティブ感情の原因になっています。でも実は、相手を思いやっているように見えて、自己防衛が強い傾向も考えられます。「相手に合わせないと嫌われてしまう」「相手が好きなことを好きと言えないとフラれるかも」と、自分を守るためにとっている行動でもあるのです。

このネガティブ感情に対処する方法は、自己防衛を少しずつ緩めていくことです。

そのためには、**「好き・嫌い」「得意・苦手」を素直に伝えましょう。**
大切な恋人関係なら、なおさら本音を隠して我慢し続けてしまうと、自分からネガティブな感情を作ろうとしてしまうだけです。

「実は私はアウトドアが苦手」
「家で漫画を読んだり映画を観たりするのが好き」

例えばこんな感じで、相手を否定せず、自分が好きなことや苦手なことを伝え合います。ずっと我慢して相手に合わせ続けるのがあなたの役割ではないし、相手もそれを望んでいないでしょう。

4つのステップで「言える人」に変わる

自己防衛が強い人は、心の中で思っていることを「言わない」という選択を取る傾向がよく見られます。そんな人が自分の気持ちを伝えるには、少し時間がかかりますが、そんな時は次の4ステップのトレーニングをしてみてください。

ステップ1 「話しやすい人」に「言いやすいこと」を言う
ステップ2 「話しやすい人」に「言いにくいこと」を言う
ステップ3 「話しにくい人」に「言いやすいこと」を言う
ステップ4 「話しにくい人」に「言いにくいこと」を言う

例えば、ステップ1なら、「家族に私の分のコーヒーも淹れてほしいと言う」「喫茶店でモンブランを頼んだけど、やっぱりショートケーキに変更する」など、小さなことでOKです。

この4ステップで、徐々に自分の気持ちを伝える練習をすると、相手が誰であっても「言いづらいことを言いやすく」なります。その結果、ストレスなく誘いや要求を断りやすくなり、相手も自分も嫌な思いをせず、良好な人間関係を構築できるでしょう。

シーン26

孤立を感じる

転職や転校で新しい環境になると、いつも馴染めずにいる。特に自分から話しかけるのは苦手で、人とコミュニケーションを取るのが難しく感じる。

脳は「新しいもの」を始めることが苦手

人に話しかけるのが苦手な人は、「他人の目線が気になる」という自意識過剰な面や、「人にどう思われるんだろう」という心配性の面が強いと考えられます。

脳科学では**「脳は新しいものを始めたり、学んだりするのが苦手」**と言われています。また心理学でも、**「生きていく上で現状維持が最適と感じる」**と考えられています。

す。

さらに、目新しいものや普段触れていないものに対して、恐怖を感じることを意味する**「新奇恐怖症」**という言葉もあるほど、私たちは誰もが新しいものを怖がる性質を備えているのです。

たとえ現状が良くない状態であっても、その環境を変えたり、新たな一歩を踏み足したりする方が怖いと拒絶するのは当然のことです。人に話しかけることに勇気がいるのは、基本的にみんな一緒なのです。

しかし、その意識を持ちすぎると、現状から前に進むことができず、結果として自分を苦しめる原因にもなります。

「挨拶」でコミュニケーションのきっかけを作る

新しい環境に緊張しているのは、あなただけではありません。実は受け入れる側も緊張していますし、あなたと同じ心理を抱えているのかもしれません。

相手とコミュニケーションを取る方法として、最も簡単なのは挨拶です。

必死になって話題を探さなくても、まずは「こんにちは」という挨拶から始めてみてください。相手との接点を持つきっかけづくりになります。

「目が合った瞬間に挨拶をしてくれて、緊張がほぐれました」

私も過去に、このように初対面の方に言われたことがあります。

自分だけでなく、相手や周りの人も初対面はドキドキするものです。そんなときに、ひと言声をかけられると、それだけでぐっと心の距離が縮まるんです。

緊張感のある会場や社内で目が合った際は、目を逸らすのではなく、軽い会釈だけでも効果的です。

新しい環境で孤立しないためには、挨拶を1回だけで終わらせるのではなく、次の日も、その次の日も続けることがポイントです。徐々に心を開ける関係になり、人と上手にコミュニケーションを取れるようになるはずです。

シーン
27

大勢の人が集まるビジネス交流会やセミナーなど、初対面の人が多い場面での立ち振る舞い方がわからない。人に話しかけられない自分にガッカリする。

無理して自分から話しかける必要はない

ビジネスの場所で「自分（自社）をPRしなくては」「たくさん名刺交換しなくては」と気負いすぎると、リラックスした立ち振る舞いが難しくなってしまいがちです。

人は誰でも、**「場のコントロールができないこと」**に対して焦りを感じるものです。このような不特定多数の人がいる場所は、そもそも自分でその場をコントロールするのは不可能と認識しましょう。

相手が自分の思い通りに動いてくれるとは限りませんし、相手と話したいタイミングで声をかけられるわけでもありません。

まずは「自分から話しかけなくては」「話題を提供しなくては」と焦る気持ちを一

旦手放し、**「話しかけられやすい雰囲気」**を作ることがポイントです。

例えば、一番近くにいる人にとりあえず「こんにちは」と挨拶してみる、椅子があったら座るタイミングで「お隣よろしいでしょうか」と声をかける、目が合った人がいれば会釈をする。こうした挨拶程度の声かけができればＯＫです。

反対に良くないのは、無表情や焦った顔、不安そうな顔で静止することです。怖い印象を与え、話しかけづらい雰囲気になります。

「話し上手」よりも、「聞き上手」になろう

人との会話が苦手な人ほど、

「スムーズに話さないと」
「話し方が下手と思われたらどうしよう」

と不安に考えてしまします。ですが、流暢によどみなく話す人より、途切れ途切れ

でも一生懸命話す人の方が好感を持たれることもあります。**上手に話せないことが、相手に悪い印象を与えているわけではないのです。**

そして、自分のことを話すのが苦手な人は、「話す」よりも「聞く」スキルを磨くことも意識しましょう。

相手の話を聞くときのポイントは、**目を見すぎない**ことです。

日本人は恥ずかしがり屋の人が多く、顔をじーっと見られながら話をするのが苦手な人が多い傾向があります。なので、話している相手の目は見ながらも、時々は相手の名刺を見たり、少し目線を逸らしたりしてみてください。

ほかにも、大きめにうなずくなど、少しオーバーリアクションを取り入れるのも有効です。

すぐにできる簡単な工夫をしながら「聞き上手」になると、相手に受け入れてもらいやすくなるでしょう。

シーン
28

お金の不安を感じる

結婚を考えている恋人はいるけれど、今の収入では相手を幸せにできるかが心配。結婚に踏み切れない現状にモヤモヤする。

現状を把握すれば、やるべきことが見えてくる

お金の問題は個人差が大きいものです。年収300万円で十分幸せと感じる人もいれば、何千万というお金を稼いでも不安を感じる人もいます。

生活用品1つをとっても、例えば高価なサロン使用シャンプーが欠かせない人もいれば、数百円のお徳用シャンプーでOKな人もいます。**「何にいくら必要か」は個人**

差が大きく、価値観によって異なるのです。

お金に不安を覚える人が増えた理由の1つに、SNSの普及が挙げられます。お金持ちを匂わせた芸能人の生活や、知り合いの贅沢な暮らしを目にする機会が増えたことで、自身の仕事や生活と比較し、お金がない状況に絶望感を覚える。そんな人がネガティブになりやすい環境ができてしまっているのです。

しかし、他人との比較をいくら続けても、何かしら行動に移さなくては自分自身の「お金の不安」はぬぐえません。

こうした不安を払拭するためには、**自分の「現状把握」**が何より重要です。

例えば、「2人で生活するには月にいくらかかるのか」「将来のためにいくら貯める必要があるのか」など、この先の人生設計を考えてみてください。

豊かな生活が収入に比例しているわけではありませんが、結婚をしてどんな家庭を築きたいのか、いくらあれば幸せなのかを自分の中でクリアにすると、モヤモヤした気持ちが晴れ、「次にどうするべきか」が見えてくるはずです。

シーン
29

失恋する

過去の失恋の原因が、自分の欠点にあったのではないかと考えてしまう。失恋すると、自分自身が否定されたような気持ちになり、次の恋愛に踏み出せない。

人間は「第一印象」を引きずりやすい

こうしたシーンでネガティブになる原因は、失恋そのものが苦しいというより、

「自分は相手に選ばれなかった」
「自分には価値がない」

といった自己否定の気持ちが強くなっているからと考えられます。

恋愛は自身の努力だけではどうにもできない部分がたくさんある、極めて特別な人間関係です。**恋愛がうまくいくかどうかは、努力よりも「相性」の方が大きいのです。**だから、好きなのにうまくいかないと、苦しくなるのです。

最初に抱いた相手のイメージがずっと記憶に残ることを**「初頭効果」**と言います。恋愛は特にこの初頭効果が強いので、好きになった当初の「相手の良いイメージ」の払拭が難しくなります。

欠点や不足部分が見えたとしても、相手には「こういう面もあるんだ」と素直に受け入れられず、なかなか上書きができません。このように「第一印象」がずっと残りやすいのが恋愛なのです。

自分を否定せず、「自分らしさ」に目を向ける

大事なのは、「ここが嫌だった」というフラれた理由を「＝自分の欠点である」と

真に受けすぎないことです。

当然ですが、浮気のように相手の信頼を失う行動は別として、多くの場合は、**その相手にとって受け入れられなかっただけに過ぎない**のです。

恋愛において、自分の欠点を見つけようとしすぎると、自己肯定感を低くさせるだけです。次の恋愛をしたときにも、ちょっとしたケンカで落ち込んだり、失敗したりしやすくなってしまうでしょう。

今はつらいかもしれませんが、**失恋に一番効果的なのは「時間薬」です。**

3か月後、半年後と時間が経つことで、心のしこりは少しずつ消えていきます。

自分を否定しすぎず、「自分らしさ」に目を向けてみてください。きっと前を向ける日がやってくるはずです。

シーン
30

新しい恋が始まると、嬉しさと同じくらい、「いつか自分のことを好きではなくなってしまうのではないか」という不安に襲われる。

予期不安が強いと、幸せを感じられなくなる

「将来悪いことが起こるのではないか」という不安を**「予期不安」**と言います。予期不安が強すぎると、今を思う存分楽しめなくなり、いつまで経っても幸せを感じられなくなります。

まず、**予期不安は自ら作り出していることに気づきましょう。**自分の意識が「今」ではなく、「未来」に対して集中していると気づくだけでも、徐々に不安から距離を置くことができます。

この予期不安は、日本人の国民性も関係していると言われています。

月～金の仕事のことを考えると憂うつになる、「サザエさん症候群」というものがあります。日曜日の夜に「サザエさん」が始まる頃になると、ソワソワしたり、嫌な気持ちになったりする状態を意味します。

つまり、日本人の多くは、休日として休みを満喫するのではなく、翌日からの仕事にフォーカスしてしまっているわけです。このように、私たちは「今、この瞬間」を楽しむことが苦手な性質を持っているのです。

いま感じているポジティブ感情に目を向ける

「いつか自分のことを好きではなくなるのではないか」

その「いつか」はまだ実際に起こっていません。それならば、今考える必要はないことです。

現実に起こっていない漠然とした不安に向かうエネルギーを、「今」に向かわせる意識を持ってください。その方法は「今、この瞬間」に集中することです。

例えば、恋人と一緒に過ごしているとき、

「今、一緒にいて楽しい」
「今、一緒に食べているごはんがおいしい」
「今、一緒にいる時間が心地いい」

など、ポジティブな感情を心の中で感じてみてください。

「未来への不安」へ向いていた意識を、「今、この瞬間」に向けることができると、少しずつ予期不安が少なくなり、ネガティブ感情から解放されていきます。

ネガティブな人でも
仕事は成立できる
［仕事編］

コミュニケーションの取りづらさが、ネガティブ感情を生む

本書を手に取った人のほとんどが、仕事や職場での何かしらの悩みを抱えているのではないでしょうか。

「残業時間が多い」「業務量が多い」といった物理的な負担や、職場の人と円滑にコミュニケーションが取れないストレス、自分のスキルや経験不足など、年齢や立場によって悩みは多種多様で、個人差が大きいものです。

仕事におけるネガティブ感情を払拭するには、何よりも人とのコミュニケーションが大きなカギを握っています。

私が行っている企業のカウンセリングの現場でも、言いたいことや伝えたいことがあっても、「上司に相談しづらい」「部下にこの話は言いづらい」「手伝ってと言えない雰囲気がある」といった相談が後を絶ちません。

さらに、現在はリモートワークを行う企業が増え、ここ数年でコミュニケーションの

感情の置き場所②

取り方も大きく変わりました。部下は上司に、上司は部下に遠慮しすぎて、円滑にコミュニケーションができないケースも増えています。

このように、現代の仕事において、意思疎通を図るのが難しくなったと感じる人も多いのではないでしょうか。

仕事の中でネガティブ感情を少なくしていくには、職場の中でも外でも良いですが、「気軽に話せる人」を持つことが大事です。

「仕事以外の話をしてみる」「出社したら一度は話しかけてみる」など、小さなアクションで人との関係性は驚くほどに変えられます。

職場での人間関係を「仕事だけ」と切り離さず、日頃からつながりを持ちましょう。

そして、自分の人となりが伝わるようなコミュニケーションを心がけると、悩みや問題をネガティブになる前の段階から相談しやすくなるはずです。

シーン31

通勤がしんどい

満員電車に乗って通勤するのがつらい。会社員である以上「仕方がないこと」とわかっているけれど、どうしても通勤するたびに気分が下がってしまう。

物理的に回避する方法を考える

どれだけ仕事が好きな人でも、満員電車に好んで乗る人はいないでしょう。電車の中でぎゅうぎゅうに詰められる閉塞感や圧迫感で、精神的、肉体的ストレスを感じるのは当然のことです。

なかには冷や汗や動悸《どうき》、めまい、腹痛など身体的症状が現れたり、ひどい場合は電車に乗ると恐怖を感じ、パニック症状を起こす人もいます。

このような「しんどい」「つらい」と感じやすい通勤を少しでも快適にするには、**自分なりに物理的に回避できる方法を考えるしかありません。**


私も会社員時代は電車通勤で、ラッシュが苦痛で仕方ありませんでした。そんな状況をどうにかしたいと始めたのが、電車に乗る時間を30分早く変えてみることでした。

私の場合、「具合が悪くなったらどうしよう……」と考えるほど意識が集中し、動悸や腹痛が現れるタイプでした。それを見越して早い電車に乗ることで、「電車を降りても遅刻しない」「降りても大丈夫」という安心感が生まれました。

「心にゆとりがある状態」で電車に乗ることで、体調が悪くなったり電車を降りたりする回数が減ったという実体験があります。

自分ができる範囲で「快適な状態」を見つける

そのほかに、「早めに家を出て、カフェでコーヒーを飲む」「早く起きて、軽くランニングをしてから出社する」など、「朝の楽しみ」を作るのもおすすめです。

自分なりの習慣を作り、無理のない範囲でできることを考えてみましょう。

また、可能であれば、「会社の近くに引っ越しをする」といった対策も1つの手でしょう。電車に乗らない選択肢を取り、物理的にストレスを回避する対策も有効です。


通勤は毎日のことなので、そこでストレスを溜めてしまうのは、長く自分を苦しめてしまうことでもあります。

そのストレスから解消されて体調が良くなれば、心もネガティブになりにくく、前向きに仕事と向き合えるようになるはずです。

「通勤時のストレスはどうしようもないこと」と諦めずに、**自分なりの価値観の中で、可能な範囲の快適を見つける**ことが、自分を幸せにする方法なのです。

シーン
32

一時はリモートワークを導入したが、現在は会社の意向で出社が必須に。「集団意識を持って働くべき」と考える上司と、「リモートでも十分仕事はできる」という現場の意見が噛み合わずにいる。

上司や会社の固定観念は、簡単には変わらない

つい最近まで、どの企業も「出社＝仕事をしている」とみなされ、出社すること自体が大事とされていました。

例えば営業職では、「何件電話をかけたか」「何件訪問したか」と、件数によって仕事をしているかが測られるなど、努力を美化する傾向がより強かったように感じます。

コロナ禍でリモートワークが導入されると、こうした「努力」よりも「成果」を重要視する企業が目立つようになりました。

その結果、「無駄なことは省いて、効率よく成果を上げよう」と社会全体が学んだ

はずなのに、パンデミックが落ち着くと「結局、元の働き方に戻った」という企業は多く、そうした不満の声は私の元にも届いています。

企業の研修や面談、カウンセリングの中で実感するのは、**「人の価値観は、すぐに大きくは変わらない」**ということです。残念ながら、上司や管理者の固定観念を払拭するのは、簡単ではないのです。

すぐに変わらなくても、意思表示を続ける

「リモートワークでも十分成果を上げられる」
「出社をしなくてもチームのコミュニケーションが図れる」

もし、あなた自身がこのように感じているのなら、上司や会社に意思表示し続けることも大事です。「雨垂れ石を穿つ」と言うように、訴え続けることで組織やルールが変わることもあるからです。

ただし、意思表示する側としては、日々の仕事に懸命に取り組み、上司から信頼さ

れていることが前提として必要です。

その信頼関係がなければ、「リモートワークをしたいのは、仕事をサボりたいからではないか」などと疑われてしまうだけです。

いつの時代も、自由と責任は表裏一体です。

いち社員として、会社に働き方の自由を主張するのは大事ですが、それは成果を出すなど、責任を全うしていることが条件なのです。

責任を怠り、会社員としての権利を主張していると、意見が通らないばかりか、訴えを排除されてしまい逆効果になるでしょう。

リモートワークの導入は、会社にとっても大きな決断です。自分の主張をスムーズに通すためにも、まずは目の前の仕事の中で上司の意向に柔軟に応じたり、成果を出したりして、信頼関係を築くことから始めていきましょう。

自由と責任を背負った上で、意思表示をする

残業が多い

シーン33

繁忙期につき、長時間労働が常態化している。自分だけ早く帰りたい、仕事量を減らしたいとは言えない雰囲気。

他人に向ける優しさを、今度は自分に向けてみる

物理的に仕事量が多い状況では、気持ちにゆとりがなくなり、ネガティブ感情に襲われるのは当然のことです。よほど心身ともに健康な人でも、「忙しい職場」に身を置けば、うつ状態になる土壌が揃っていると言えます。

「今自分が抜けるのは……」という気持ちは、目線が自分にではなく、他人に向い

ている状態でもあります。

部署や会社の状況を見て、周りのことを考えられるのは、協調性があって素晴らしいことです。しかし、仕事でキャパオーバーになっているのに、自分を押し殺して働き続けていては、じきに自分も潰れてしまうでしょう。

この状況においては、組織や他人を優先するのではなく、もっと自分本位に考えることが大事です。**仕事が忙しい時こそ、人に向けている優しさや気遣いを、自分に向けるタイミングなのです。**

ネガティブになる前に、転職活動をしてみる

まずは、周りに遠慮せずに「仕事を減らしてほしい」と上司に要望を出してみましょう。それが叶わないのならば、転職を考えてみるのも良いでしょう。

私も面談やカウンセリングで、こうした「仕事が多すぎて大変」という相談は多く受けてきました。そんなときには、多くの場合、転職活動をおすすめしています。転職サイトを覗いてみたり、履歴書を書いてみたりと転職活動を始めると、実際に転職

しなかったとしても気持ちにゆとりが生まれるものです。

「この会社でなくても働ける場所がありそう」
「いざとなったら辞めればいい」
「私にもこういう働き方ができる可能性があるのか」

このように、いい意味で具体的な逃げ道が見つかると、安心感につながります。以前の面談では「仕事がつらくて、もう無理です……」と切羽詰まっていた人が、次の面談では「転職活動をしてみて、視野が広がった」となるケースがほとんどです。

どこの会社も人材不足の今、優秀な人ほどたくさん働いて貢献してほしいと思うのが会社側の意向でしょう。しかし、自分の体や心が壊れるまで残業をする必要は絶対にありません。

どうか我慢しすぎず、自分優先で働ける場所を見つけていく視点を持ってみてはいかがでしょうか。

シーン 34

入社したばかりで仕事が覚えられず、自分の力量不足で残業が続いている。上司は「残業せずに帰ってね」と言葉をかけてくれるが、効率よく仕事ができない自分に落ち込んでしまう。

脳は動き出すまでに時間がかかる

このシーンにおけるネガティブ感情の原因は、力不足で残業が多くなっていることに対して、自己嫌悪に陥っているからと考えられます。

仕事が終わらない要因として、よくあるのが**「タスクが増えすぎて、何から手を付けていいかわからない」**ことです。

こうなると仕事の着手が遅れて効率が落ち、さらに仕事が溜まるという、負のスパイラルに陥ります。その結果、「何をどうしたらいいのかわからない……」と、思考停止状態になるのがよくあるパターンです。

脳には一度停止すると、なかなか次の行動に動き出せないという性質があります。

思考停止状態になると、再度アクセルを踏んで走行するには時間を要するのです。

だから、サクサク仕事を終わらせるには、逆説的ですが、手を動かし続けることが大事です。

小さなタスクから完了させて、達成感を味わう

しかし、闇雲に手を動かし続けても仕事は時間内には終わりません。

特に入社したばかりの人は、タスクを書き出して「やることリスト」を作ることから仕事を始めましょう。

「あれもこれもやらなくては」と頭で漠然と思い浮かべていると、全体像を把握できず、やるべき仕事が抜け落ち、締め切りを守れなくなります。そうならないためにも、まずは今日1日の中でやるべきことは何か、箇条書きでタスクを書き出した方が、結果的に仕事は早く片付くはずです。

その上で、タスクに「優先順位」をつけてみましょう。

優先順位のつけ方は、1つは「締め切りの早い順」につけること。そして、他の締め切りと優先順位が並列になった場合は、「簡単な仕事」から着手することです。

難易度の高い仕事や、時間がかかる仕事から先にやろうとする人もいらっしゃいますが、脳の働きを考えれば、動き出してすぐに難易度の高い仕事に取りかかっても、完了するまでに時間がかかってしまうだけです。

まずは簡単な仕事から着手し、徐々に仕事モードのエンジンをかけて、その後に難しい仕事を効率よく終わらせるのが、仕事の進め方の鉄則なのです。

また、仕事の大小にかかわらず、小さなタスクでも完了させることには意味があります。**タスクを1個終わらせて、自然と達成感を味わうことで、脳がますますやる気になり、次々と仕事をこなせるようになるのです。**

タスク管理や優先順位のつけ方に慣れてくると、残業せずに仕事を終わらせることができ、自信が生まれてくるはずです。

小さなタスクに着手して、達成感を味わおう

シーン35

長時間の会議が苦痛

長時間の会議に時間を取られ、自身の業務時間が作れない。なかには、意見が出ない会議も多く、何を目的に会議ばかりしているのかわからなくなる。

主導権を握ることでストレスフリーに

目的のないダラダラした会議にストレスを感じないためには、**自ら進行役を買って出る**ことです。「意見が出ない」「沈黙が続く」といった状況が続き、それに毎回イライラしているならば、次の会議から自分が主導権を握る方がずっとラクになります。

もし、発言できる立場ならば「次回から私が進行役をやります」、もしくはすでに進行役が決まっているなら、「持ち回りでやるのはどうでしょう」などと提案してみるのも良いでしょう。

ちなみに、進行役になった際に注意したいのは、無理やり会議を進めないことです。早く終わらせたいと思って「それは無理ですね」「もうちょっといい意見を」など、否定や上から目線の忠告をしてしまうと、参加者が不快に感じて、自由な話し合いができなくなります。

どんな意見が出ても**「○○さんはそう思ったんですね」**と一旦受け止めるのは、会議における大事なマナーです。

また、参加者から意見が出なかったり、話し合いが煮詰まったりしたときは、「これだけは譲れない」という意見を挙げてもらうと、状況を打破できることもあります。例えば、「開催日は繁忙期の4月は除いてほしい」「新プロジェクトをやるなら○○さんは必ずメンバーに入れてほしい」など、仕事を進める上で大事なポイントを引き出せば、滞った話し合いもスムーズに進み始めるはずです。

不毛な会議は、思い切って断ってもいい

立場上、進行役を買って出ることができず、発言権もなく、ただ時間をつぶしているという不毛な会議は、思い切って「出席しない」選択肢をとるのも良いでしょう。ただし、伝え方には注意が必要で、ただ「出ません」というだけではやる気のない人と思われてしまいます。

「〇〇の締め切りを優先させたいのですが」
「すみません、急な仕事が入ってしまいました」

例えばこのように、不参加の理由をしっかり伝え、なおかつ会議の間にやった仕事を後から上司に報告すれば、あなたへの信頼が落ちることはありません。

時間は誰にとっても有限です。そして、1日の労働時間も決まっています。どうか時間を無駄にせず、時には思い切った自己判断をとってみてください。

シーン 36

「やりたくない仕事」を上司から振られる

面談ではやりたい仕事や希望を伝えているのに、上司からは全く違う仕事を振られる。経験を積んできた今の自分には、現在の仕事が必要だとは思えない。

責務を果たした後に、上司に再交渉を

「希望している仕事を振ってもらえずにモヤモヤする」

特に会社員の方は、こうした時期があるかもしれません。

このような状況でネガティブな気持ちになるのは、「自分の実力を認めてもらえていない」と感じているからです。

希望は伝えているのに、まったく違う仕事を振られるということは、例えば、「希望している業務を行う部署の人が足りている」「希望している仕事と、その人の適性が合わないと思われている」など、何かしらの理由があるのかもしれません。

シーン32（リモートワークがしたい）でもお伝えしましたが、自由と責任は表裏一体です。仕事を変えたいという自由は主張して当然ですが、そこには必ず個人としての責任を全うすることが条件です。

まずは振られた仕事を精一杯やり遂げ、責務を果たすことに集中しましょう。

そして、仕事をやり遂げた後に、**「これだけやり遂げ、責務を果たしたのだから、次は私のやりたい仕事をやらせてください」**と再交渉してみてください。

責務を果たしているのに、希望の仕事をやらせてもらえないのなら、その理由を上司に尋ねてみるアクションも大切です。

もしかすると「大規模な組織改編を考えている」「給与に関係するので検討に時間がかかる」など、会社側にも相応の理由やタイミングがあるかもしれません。

モヤモヤした気持ちがずっと続くより、いっそのこと理由を聞いた方が「次にどうするべきか」が見えてくるはずです。

そこまで聞いてみて、「この会社ではやりたい仕事ができない」と判断したのなら、転職活動や副業を始めるのも1つの選択肢です。

いずれにせよ、「こうした仕事をしたい」という意思があるのは大変素晴らしいことです。やりたいことを実現するためには、上司との話し合いや交渉、それが難しいなら転職など、できることは必ずあります。

主張を通すには、信用を獲得する期間が必要不可欠

また、新入社員でよくあるのが、「入社面接で希望した仕事と違う部署に配属された」と不満を抱えるケースです。なかには「雑用ばかりで、面談で嘘をつかれた」と言う人もいらっしゃいます。

しかし、そもそも最初から重要な仕事を新人に任せることは、ほとんどありません。

自社のことを知ったり、社内外と信頼関係を築いたりする時間は、どんな会社・業種でも必要不可欠です。**自分自身の信用を獲得するためにも大事な時間と心得え、後に主張ができるように、今は責務を果たす時期だと考えましょう。**中長期的に見れば、きっとあなたのキャリアの助けになります。

モチベーションが上がらない

シーン37

「わがままで、面倒な対応を迫られる」で有名なクライアントの担当を任された。「なんで自分が大変な思いを……」という嫌な気持ちになり、やる気が起こらない。とはいえ、責任感から仕事を丸投げもできず、大きなストレスを感じる。

困難は、成長できる絶好のチャンス

何事も困難なことに立ち向かうには、大きなエネルギーが必要です。わがままで有名なクライアントの担当となれば、なおさら「やりたくない」と思うのも不思議ではありません。

当事者になると、嫌なことが起こるたびに苦痛を感じるかもしれませんが、**他の人にはなかなか経験できないチャンス**と捉え方を変えることもできます。

社会人として働く数十年と比較すると、このクライアントの担当になるのは、わずかな期間かもしれません。わがままなクライアントと対峙した経験があれば、この先の人生でどんな強敵が現れようが楽勝と思えるはずです。この先にさまざまなトラブルや問題が起こっても、ドンと構えて対処できるくらいの力をつけるきっかけになるかもしれません。

このように、前向きに捉えることができそうなら、長い人生の中の1つの経験として、ぜひ引き受けてみることをおすすめしたいです。

素直でトラブルの少ないクライアント担当より、何十倍もの経験を積むことができ、必ずその後の人生に活きてくるでしょう。

「回復力」を鍛えると、ストレスに強くなる

心理学には「レジリエンス」という考え方があります。これは「回復力」「復元力」

「再起力」などを意味します。

私たち人間は、生きていれば誰でもつらいことや悲しいことがあります。しかし、どこかでそのダメージを回復していくことが絶対に必要で、そのために大事なのが**「レジリエンスを身につける」**ことです。

少々手荒い考え方ではありますが、ダメージが何もなければ人は成長しません。ダメージがあるからこそ、「次はこうしてみよう」「工夫しよう」「気持ちを切り替えよう」などと、前向きな軌道修正ができるようになるわけです。

あえて困難な環境に身を置き、ダメージから回復して「立ち直る力＝レジリエ

あえて困難な状況に身を置くと、後々ラクになる

ンス」を高めていくことが、小さなことにモヤモヤ・クヨクヨしないトレーニングになるのです。

ただし、自分自身を保てなくなるほど心身が疲弊するようならば、1人で抱え込まずに早めに誰かに相談をしましょう。

もしくは、このクライアントを担当する代わりに他の仕事を減らしてもらうなど、自分を守るための対策も同時に行うことが大切です。

シーン 38

「仕事のモチベーションは自分で上げるもの」という自覚はあるけれど、相性の悪い上司から嫌味を言われるとシュンとしてしまい、やる気がなくなる。

苦手な相手との関わりを増やすと、関係性が変わっていく

相手に悪気はなくても、否定されたり嫌味を言われたりしたら、誰でもネガティブな気持ちになります。このような嫌味な上司と上手に付き合う方法は、2つあります。

1つ目は、**関わりをできる限り最小限にして、上司と距離を置く**ことです。例えば、「顔を見るのも嫌だ」「声をかけられるだけで不調が出る」など、身体症状が出てしまうほど上司が苦手な場合は、この方法で自分の心を守りながら仕事をしましょう。上司との関わりは連絡と報告のみ、相談は同じ部署の別の人にするなど、割り切って付き合うことが大切です。

2つ目は、**できる限り関わる頻度を上げる**ことです。

「顔を見るのも嫌だ」というレベルまで苦手意識が進行していなければ、反対にもっと関わりを持つことでネガティブ感情を払拭できる方法もあります。

これは**「単純接触効果」**というものです。**回数が多ければ多いほど、相手に対しての緊張感や恐怖がなくなるという効果**を指します。

芸能人が人気を集める過程でも、同じようなことが起こります。テレビに出始めた時は何とも思わなかったのに、ドラマやＣＭなどで目にする機会が増えていくうちに親しみを覚え、いつの間にか好きになっていくのも、接触回数が増えているからです。

「途中経過をまめに報告する」
「小さなことでも相談してみる」
「仕事以外の話を聞いてみる」

このように、上司には小さな関わりを持つことを意識してみてください。自分の意識が変わると同時に、これまでの距離感が変われば、上司も嫌味を言わなくなったり、言葉のニュアンスが変わったりするかもしれません。

お客様に叱られる

シーン39

「お客様は神様」という考えのもと、理不尽なクレームを受けても何も言い返すことができず、強いストレスを感じる。

要求が曖昧か、明確かを見極める

「店員だからお客様を立てるべき」
「反論はすべきではない」

こうした「べき論」が根底にあると、理不尽なクレームでも真に受けてしまい、自分自身が苦しくなります。それが強い人ほど「自分でなんとかしなくては」と抱え込み、精神的につぶれてしまうケースがあります。

すべてのクレームには当てはまりませんが、明らかに理不尽な要求をしてくるモンスターカスタマーはどこにもいます。

特によくいるのが、「店員のやる気が見えない」「態度が悪い」「もっとなんとかしなさいよ」など、何を変えるべきなのかがわからない不明確なクレームをする人です。

こうした指摘が曖昧なクレームは、真正面から対応しなくても良い場合があります。

反対に対応すべきクレームとは、「この部分が壊れたからどうにかしてほしい」「割引だったのに会計を間違えている」「説明の内容が理解できない」など、困っていることや指摘が明確なケースです。**対応するべきクレームと、対応しなくても良いクレームを分けて考えることで、少し気持ちがラクになります。**

クレームは1人で対応しようとしない

モンスターカスタマーのクレーム対応で最も大切なのは、自分1人で対処しようとしないことです。責任感が強く、まじめな人ほど、**「他の人の手を煩わせずに自分で解決しなくては」**と頑張りすぎてしまう人が多い印象です。

そうではなく、**お客様のクレームが理不尽だと感じたら、早めに他のスタッフや上司に相談しましょう。**早い段階で周りに相談しておくことで、対応しきれなかったときに再度助けを求めに行けるようにもなるはずです。

苦しいのに頑張って対応すると、同じようなクレームがあったときに周りに期待されたり、重宝されたりして、クレーム対応担当のように扱われることもあります。自分の心を守りながら働くためにも、1人で無理をせず、周りに助けを求める姿勢を見せていきましょう。

シーン
40

お客様から届いたメールを読むと、少し怒っている様子。そのままメールで返信して良いのか、それとも電話が良いのか、出向いた方が良いのか、判断に迷う。

対応を早くして、信頼を取り戻す

クレームで何よりも大事なのは、**スピーディな対応**です。そのため一刻も早く、お客様の意向や気持ちを確認し、信頼関係が崩れることを防ぎましょう。

「メールか電話、どちらがいいだろうか」と悩んでいても相手の気持ちを推測するのは不可能ですし、時間が過ぎていくだけです。レスポンスが遅くなることで、お客様は**「言ったのに何も返事がない」「返答が遅い」**と感じ、ますます不満や怒りが大きくなってしまうでしょう。

早めに対応すれば、自分も相手もモヤモヤと悩む時間が短く済みます。

メールでクレームと感じる内容が送られてきたり、すれ違いを感じたりしたら、文字でのやりとりをそのまま続けないこともポイントです。**クレーム対応では電話や音声ツールなど、「言葉で話す」方法に切り替えましょう。**

文字で送る情報量に比べ、話す方が短い時間で多くの情報を相手に伝えることができます。さらに、メールで伝わらないニュアンスも、会話なら伝わりやすくなります。

もし不在の場合は、「○時にお電話させていただきます」とメールを入れておきましょう。そのとき、お客様の状況を口頭で確認するまでは、クレームの内容について本文で詳しく触れないことです。

また、アポイントを取って出向いた方が良いのは、主に謝罪のケースです。謝罪以外でも、お客様に対して誠意を見せるるのなら、できるだけ出向いた方が良いでしょう。ただしこの場合も、**お客様の意向やクレームの温度感の確認**が最優先です。そのためにも、電話や音声ツールでのコミュニケーションが適しているのです。

シーン 41

過度なプレッシャーを感じる

上司から「期待している」と言われると、嬉しい気持ちになる。その反面「期待に応えなければ」と頑張りすぎてしまい、心がパンクしそうになる。

幼少期に形成された思考回路が影響

周りからの期待を過度にプレッシャーに感じてしまう要因の1つには、その人が生まれてから現在までの「生育歴」が考えられます。特に、**親から「条件つきの愛情」を受けてきた人**は、過度なプレッシャーを感じやすい傾向があります。

例えば子どもの頃、

「100点が取れて、すごいね」
「いつもお母さんの言うことを聞けて、偉いね」

と言われると、「私の存在」そのものではなく、**「○○ができた私」**を親が認めていると子どもは認識します。

こうした「条件つきの愛情」を受け取り続けていると、子どもにはいつの間にか「常に期待に応えないといけない」という思考が形成されていくのです。

その結果、「自分のスキルが上がれば、他者から認めてもらえる」「成果を出せば、人から信頼されるようになる」と、仕事ができることを自分の価値を捉えてしまい、その思考に苦しめられるのです。

期待に応えられないことは、安請け合いをしない

こうしたプレッシャーの捉え方を変えるのは難しいのですが、まずは自分の思考回路が固まっているのに気づくことが第一ステップです。

そして、**周りの人の期待に100%応えられなくても、すぐに嫌われたり、排除されたりすることはない**という認識を持ちましょう。

さらにもう1つ、過度なプレッシャーから解放されるには、**イエスマンにならない、安請け合いしない**ことも大事です。まずは

「新しい仕事を引き受けるのは難しいです」
「1人では仕事を終えられそうにありません」
「何かしらのサポートがほしいです」

など、今の仕事の現状を、上司へ素直に伝えてみることです。それは決して、ネガティブな発言ではありません。

期待に応えてくれる部下は、上司にとっては頼もしい存在でしょう。

しかし、相手からの期待と、自分の心のキャパシティにギャップを抱えたままでは、身の丈以上の仕事を任され、いずれ苦しくなってしまうだけです。

これ以上、自分が苦しまないためにも、イエスマンからの脱却をしましょう。

シーン 42

本当は今のペースで仕事をしたいのに、上司から強く昇進を勧められている。責任ある立場になれば、業務が多くなるのは目に見えているのに、断りづらい。

昇進は誰もが目指すものではない

「会社は昇進してほしいと言われるが、私としては昇進したくない」

こうした相談を非常に多く受けてきました。そして、なぜ昇進したくないかを尋ねると、勤務形態や責任の重さを問題に挙げる人がほとんどです。

管理者となれば、今まで通りの働き方とは変わっていくものです。出張や転勤、残業の増加、業務量の割に上がらない給料。昇進に対して、「精神的にも肉体的にも、今より過酷な状況になる」というイメージを持つ人は少なくないでしょう。

ひと昔前であれば、組織の中で出世するのは魅力的とされてきました。

しかし、プライベートの充実やワークライフバランス、最近では「人生の中に仕事がある」と捉えるワークインライフを重視する時代において、社員全員が昇進を目指すものではなくなりつつあります。

自分を優先して昇進「する・しない」を決める

上司の打診に対して前向きな返事ができないからといって、「社会人失格」と感じる必要はありません。仕事を続けていく上で、**自分が今後、どのように働いていきたいか、どんな人生を送りたいか**を軸に選択、決断することが大事です。

またその軸は、ライフステージによって変化していって当然のことです。

まずは自分の中で意向を決めて、「昇進を辞退したい」旨を上司に伝えましょう。

その際、「子どもにまだ手がかかる」など、理由も添えるのもポイントです。

もしくは「出張がなければ」「残業が増えなければ」「業務量が増えるのならアシスタントをつけてほしい」といった条件つきで、昇進を受け入れるというパターンも良いでしょう。

最近では「出世うつ」「昇進うつ」といった言葉が使われるようになりました。完璧主義で真面目な人ほど、立場や環境が変わるとメンタルを壊してしまうのです。

当然ですが、昇進しなくても貢献できることはたくさんあります。**「自分ができる範囲で、組織に貢献できれば、それで良し」と自分を肯定しましょう。**

シーン
43

年齢の離れた相手との関わり方がわからない

歳下の部下が何を考えているのかわからない。仕事量を増やしすぎてもいけないし、強く言えばパワハラと思われてしまいそう。そう考えて、部下に優しくしすぎた結果、「成長実感が得られない」と転職を示唆されてしまった。

過剰な配慮は、相手を不安にさせる

部下の教育をする上で最低限の配慮は必要ですが、配慮を拡大解釈しすぎて何も指示できなくなる上司が一定数存在します。

ここで注意すべきは、上司には部下を指導し、成長を促す義務があることは、どんな時代でも変わらないということです。

業務を滞りなく遂行する上で、仕事を期限内に進めてもらうのが前提ですし、その際には**上司として指示や指導は明確にする**ことが大切です。

部下に配慮するあまり、「できそうだったらやって」「できなかったらやらなくてもいい」と、どっちつかずの指示になれば、部下にとっては指示が曖昧だと不安になってしまうでしょう。

このように、優しく接しようと思っての行動が裏目に出てしまい、むしろ上司の方がネガティブになるケースが増えているのです。

指示は明確に、フォローを付け加える

本来、部下への指示や指導に「強い・弱い」といった加減は考えすぎず、遠慮しすぎる必要もないと思います。

もし部下へ配慮をするのなら、必要なのは「フォロー」です。指示や指導は明確にして、その上で部下の仕事が進んでいくようフォローをするのが、部下と良好な関係

を築くためのポイントです。

「できなかったら途中で相談して。すぐにフォローするから」

こうした声かけが、上司の立場からできる適切な配慮なのです。

しかし現実として、最近は闇雲にパワハラを恐れるあまり、コミュニケーション不足に陥るケースが増えている印象です。その結果、会話が減り「上司の言っていることがわからない」「部下が何を考えているかわからない」といったかけ違いが生まれる、転職するケースが増えているのも事実です。

また、一部のメディアでは「若い人は上司と飲みに行きたがらない」と取り上げられることもあります。しかし、私が20代の社会人の方と面談を行い、「上司との飲み会は嫌ですか？」と聞くと、約8割の人が、**「個人的な話ができるなら、飲み会に行きたい」**と答えます。

「仕事の悩みを聞きたくても、どこに相談したらいいのかわからない」
「悩みがあるけど、先輩が忙しそうで言えない」

つまり、こうした気持ちを持っている世代は、昔と変わらず非常に多いのです。

こうした状況を改善させるためにも、**上司や先輩に当たる世代が、部下に過度な遠慮をせずに関わろうとする姿勢**が大切なのです。

来週までに〇〇の資料をまとめておいて
指示（明確に）
わからないことがあったらその都度声かけて！
フォロー

指示は明確に、必ずフォローも入れる

シーン
44

若手のやる気を引き出せない。いくら指導しても理解しているのかが見えず、何をどのように話せば若手と気持ちよく仕事ができるのか、モヤモヤする。

大事なのはティーチングではなく「コーチング」

部下の育成方法として大事なのは「コーチング」です。同じような言葉に「ティーチング」がありますが、この2つの言葉は似ているようで少し違います。

ティーチングでは、学校のように指導者から指導を受ける立場へ、画一的な知識やノウハウを教えていきます。一方コーチングは、指導者と指導を受ける立場の人がコミュニケーションを取りながら、双方向で知識やノウハウを学んでいくものです。

「コーチ」の語源は、ファッションブランドの「コーチ（COACH）」のロゴマークにも象徴される「馬車」です。馬車には人を目的地まで運ぶ役割があります。

そこから派生して、「今いる場所から目標達成までをサポートする」といった「コーチング」という方法が生まれたと言われています。

最終目的地まで運ぶということは、**指導者が指導される側の今の能力、すなわち「現在地」と、何を目標にしているかという「目的地」の把握が必要です。**

相互のコミュニケーションで現在地・目的地を把握する

一方通行の指導になると、指導される側も受け身になり、やる気が起こらないのは当然のことです。まずは、「この会社で何をしたいのか」「どうなりたいのか」「何を目標としているのか」を聞く機会を作ることからやってみましょう。

多くの場合、社会人の方は仕事に対して本当にやる気がないのではありません。**上司と部下のコミュニケーション不足により、部下の「現在地」と、将来こうなりたいという「目的地」の共有ができていない**ケースがほとんどなのです。

上司の立場にある方は、部下がいち社会人として「どんな将来を描きたいのか」を把握しておくためのコミュニケーションをぜひ大切にしてください。

シーン
45

仕事で失敗するのが怖い

過去の仕事での失敗がフラッシュバックし、新たな仕事に取り組む勇気が出せない。「また同じ失敗をしたらどうしよう」と、過去のトラウマが忘れられない。

恐怖心は過去の脳のデータベースと結びついている

恐怖は、記憶によって引き起こされる感情と言われています。仕事での失敗のように、「トラウマ」という過去のデータベースに脳が反応することで、人は恐怖を感じてしまうのです。

ただ当然ですが、過去に起こった出来事が、必ず現在も起こるとは限りません。にもかかわらず、常に恐れを抱いてしまうのが、記憶によって引き起こされる恐怖感情の特徴なのです。

「小さな約束」を果たして、達成感を積み重ねる

この恐怖心を克服するには、**「自分との小さな約束を果たしていく」**のが有効です。

「また失敗したらどうしよう」
「相手の信頼を失ったらどうしよう」

こうした不安は、相手との「小さな約束」をクリアしていくことで徐々に消すことができます。例えば

「仕事の相手に『今日中に返事をします』と伝えて、実際に返信ができた」
「『次回までに○○を調べておきます』と言い、期間内にリサーチできた」

など、そんな小さなことでＯＫです。

「小さな約束」を確実に果たしていく積み重ねから、信頼や成果につながっていく達成感を味わいましょう。小さくても確実に積み上げていくことで、自分自身の精神的な居場所を確立できます。

「自分にもできるんだ」という実感を持てるようになると、過去の失敗が気にならなくなり、周囲とも信頼関係を築けるようになります。次第に自信が湧いてくると、「人間だからそんなこともある」と、**失敗を楽観的に捉えて、失敗が失敗ではなくなる日が訪れます。**

過去の「失敗」に対しての捉え方が変わり、忘れられなくても新たな一歩を踏み出せるときは必ず来ます。

その好循環が生まれるまで、小さな成功体験を繰り返すことを意識して続けてみてください。

小さな約束の積み重ねが、過去の失敗や不安を和らげる

シーン
46

学生時代は大きな失敗はなかったが、社会人になってから何度も壁にぶつかり、挫折することが多くなった。昔は自己有能感を感じていたのに、鼻をへし折られた感じがして自信を失っている。

挫折は成長する過程で必要な経験

学生時代はテストの点数や徒競走の順位など、割と予測できることが多いものですが、社会に出ると予測不可能なことばかりがあなたを待っています。

社会人になりたての場合、壁にぶつかるのは当たり前。むしろ成長過程では必須の経験です。

「できないとダメ」という完璧主義な人ほど、小さな失敗で挫折を感じてネガティブに陥ります。そういった方は、**「できないとダメ」という思考を手放し、「できたらラッキー」くらいの気持ちで仕事に向き合う**のも1つの手です。

失敗に悲観しすぎず、リカバリー能力を高める

また、挫折の意味づけを変えることも必要です。挫折をすると情緒的な混乱が生じ、悲観してしまいがちですが、失敗から次に見えてくるものが必ずあります。

社会人として仕事をうまく運び、生きやすさを感じながら仕事をするためには、**失敗からのリカバリー能力を高める方が重要なのです。**

挫折から自信を取り戻すには、**「やり方を変える」「関わり方を変える」**という2つの方法がおすすめです。それが難しければ、早起きする、仕事する場所を変えるといった**生活スタイルや環境を変える**ことも効果的です。

「失敗したからもうダメだ」と諦め、展望を持たずに過ごしていると、さらに自己肯定感が低くなり、深いネガティブスパイラルに入ってしまいます。

特に若いうちは、失敗しても許されることが多いはずです。あなたは今、失敗できる時期なのです。

今の自分を、「失敗から成功へ向かう道のり」と捉え、自信を取り戻すためにもリカバーしていきましょう。

シーン
47

重要な決定を迫られている

会社の業績が厳しく、社員のリストラをせざるを得ない状況に。社員の人生を考えると心苦しいが、会社の代表として決断に迫られている。

共有する時間を作り、お互いの心の負担を軽減させる

リストラは「解雇される立場」の人はもちろんショックが大きいですが、経営者をはじめ「決断する立場」の人にも負担がかかります。こうした重要な決断は、大小ありますが大変難しいものです。

この場合、「リストラを行う」事実は変わらないとしても、どちらの精神的負担も

軽くするには、**退職までの間に相互でのやりとりを増やす**ことが大事になります。

企業から私の元に、「これから大量リストラを行うので、社員向けに研修をお願いします」という依頼が来ることがあります。

そこで何をするかというと、問題が起こったときの対応方法や問題との向き合い方、メンタルのセルフケアの方法など、主にストレスマネジメントの話をするようにしています。

また、リストラ後に新しい職場を見つけるにあたり、面接で必要となるコミュニケーションや、人に伝わる伝え方を訓練する「アサーション」の研修を行うケースもあります。基本的に、コミュニケーションの問題を改善する研修を中心に組み立てています。

リストラ前の社員へのケアで、会社側の誠意を示す

ただ単に「リストラして終わり」では、社員は不満や不安を抱えたまま退職するの

は当然のことでしょう。

そうではなく、**会社の状況や、なぜ今回リストラが必要なのかを説明し、社員の今後のことを考えた研修やケアを取り入れる**ことで、会社側の誠意が伝えられるはずです。

リストラのような**バッドニュースほど、誠意が伝わるかどうか**が非常に大事なポイントです。

研修のように大がかりにしなくても、1人ひとりと面談をして会社の状況を伝え、社員の意向を聞く時間を作るだけでも十分です。

時に、人件費は会社の利益を圧迫し、経営を維持するためには、人員整理を伴う組織づくりが必要になります。

そんなタイミングこそ、**相互の意識を深める関わりの機会を作る**ことで、リストラする方もされる方も、不安や怒りなどのストレスを最小限に抑え、少しでも円満な組織づくりができるようになるでしょう。

シーン 48

仕事とプライベートのバランスが取れない

仕事量が多く、休日も家に仕事を持ち帰ってしまう。プライベートの時間を確保できずに、週末は疲れて寝るだけ。この状況をなんとかしたいが、ゆっくり考える時間もなく、ネガティブな感情を抱えたまま日々が過ぎていく。

達成感や高揚感によって、仕事がやめられない

自分の健康や趣味の時間よりも、仕事を最優先にしないと気が済まないのは「ワーカーホリック」の状態です。

「仕事中毒」を意味し、仕事を通して精神的に安定を感じるという一面はあります

が、一方で心身が休まる暇がなく、それが継続しているという危険な面もあります。

このタイプの人は、自分がワーカーホリックであることに気づいていない人と、気づいていてもやめられない人がいます。どちらのタイプも共通して、仕事が終わると一定の達成感を得るのが特徴です。

その達成感は、「次に何かしよう」という高揚感につながり、その繰り返しが持続して次々に仕事をこなしてしまうという、まさに中毒のような状況を招いてしまうのです。

それだけでなく、使命感や責任感、充実感、やりがい、焦りなど、さまざまな感情が混在することで、ワーカーホリックは形成されています。

ネガティブになる前に、強制リセットをする

ワーカホリックの人の結末は、いずれ精神的にも体力的にも限界が訪れ、うつなどの心身の不調をきたす日を迎えるのが非常に多いパターンです。そうなる前に、仕事をセーブするなど、自分自身でブレーキをかけなくてはいけません。

そのためには、**小さい強制リセットを行い、オン・オフを切り替える感覚を身につけること**が重要です。ポイントは**「無心になる」時間を作ること**です。

例えばランニングやウォーキング、プラモデルを作る、映画やドラマを観るなど、スマホやパソコンから強制的に離れ、別のことに集中できる時間を作ってみてください。その際、仕事とは関係ないテーマであるほど、強制リセットの効果は高くなります。

丸一日、仕事と離れるのは不安になるのなら、1日30分からでもOKです。短時間

強制リセットで感情を安定させる

だとしても、小さな強制リセットの時間を持つことで、気持ちを切り替える大事さ、休む心地よさを味わえるはずです。

仕事に限らず、どんなことでも休みなく続けているのは実に非効率です。

「ちょっと休む」ができるようになれば、仕事もプライベートも満足度が高まり、抱えていたネガティブ感情とも上手に付き合えるようになるはずです。

シーン 49

急なトラブルで休日出勤をすることに。過去にも同じような出来事があり、仕事を優先しすぎるあまり、パートナーからは「仕事と家庭どっちが大事なの?」と問いただされてしまう。

感情を優先させなければ、ネガティブ感情は大きくなる

臨床の現場では、**「行動は感情の発露」**と表現しますが、人には「〇〇したい」「〇〇しなくては」という感情があってはじめて、行動に移します。そして、その感情は理性ではコントロールができません。

自然発生した自分の感情を優先させなければ、後々つらい気持ちが大きくなるのが人間のベースにはあるのです。

このシーンの場合、今優先したいのは「仕事」とあります。その中で「急なトラブ

ルだから、出社しなければ」という「感情」が発生したことで、休日でも出社しようと「行動」に移したわけです。

もし、パートナーに問い詰められて「行かない」選択をとった場合は、感情を押し殺した結果、今以上に心はモヤモヤを感じ、ネガティブ感情が生まれてくるでしょう。

「受け止める→気持ちを伝える」の順番で話す

自分の感情を優先させつつ、パートナーにも受け入れてもらうためにポイントになるのは、**「相手の気持ちを受け止める」**ことです。

パートナーがストレスに感じているのは、休日出社ではなく、「嫌だと思っている気持ちを、理解してもらえないこと」という可能性も考えられるからです。

「そんな風に思わせてしまってごめん」

「そういう気持ちにさせてしまって悪かった」

例えば次のように、相手が「家庭と仕事どちらが大事なのか」という質問を投げかけている現状をまず受け止めます。その上で、「トラブルがあったから対処したい」という順番で、自分の気持ちを伝えてみてください。

「気持ちを受け止める→意向を伝える」という順番で伝えることで、パートナーもイライラせず理解してもらえる確率が上がるはずです。

反対に、やってはいけないのは、真正面から正論をぶつけることです。

「トラブルなんだから、仕方がないでしょ」

「家族も大事だけど、生活のために仕事を優先するのは当たり前だろ」

相手は感情論で話しているので、次のような正論を言ったところで、さらなる軋轢が生まれるだけです。

「仕事と家庭」の捉え方はさまざまですが、比べるものではありません。家庭内を円満にしながら仕事とプライベートを両立するためにも、相手への伝え方を少し工夫してみましょう。

シーン 50

思うような成果が出せない

やる気はあるのに、思ったように仕事の成果が出ない。頑張っても成果が出ないなら、仕事を変えた方がいいのではないかと考えてしまう。

他人を気にかけるように、自分を労わり慈しむ

自分への慈しみを意味する、「セルフコンパッション」という言葉があります。他人に対して「大丈夫?」と声をかけるのと同じように、自分にも「大丈夫?」と気にかけ、自己を大切に思うことを指しています。

このセルフコンパッションが低い人は、自分に対してつらく当たりすぎる傾向が見

られます。「空回りしている」「どれだけやっても成果が出ない」と感じているのなら、すでに「私は仕事ができなくてダメな人間」と自分を責めているということです。

こうした感情を断ち切るためにやってほしいのが、**あえて労いの言葉をかける「自分褒め」の方法**です。例えば寝る前に、

「今日もよく頑張った」
「今日は○○ができた、よくやった」

と声に出してから眠りにつくようにしてみてください。

ストレスマネジメントの研修でも、同じように「今日できたことを思い出して自分を褒める」「自分の好きなところを言葉にして言う」といった内容をお伝えすることがあります。

参加者の方から「毎晩やってみたら、毎日が楽しくなった」など、前向きになれたという内容のフィードバックをいただくことがよくあります。

「3か月」「100回」の継続で成果を見てみる

闇雲に頑張ったところで、成果に結びつかないこともあるのが仕事です。

そうした時には、仕事の取り組み方や具体的なやり方を一度見直してみてください。もしくは、自分1人でなんとかしようとして、まったく違う方向にエネルギーが向いている可能性も考えられます。先輩や上司、同僚など周りの人の客観的意見をもらい、違う方法を取り入れてみると、成果に一歩近づけるかもしれません。

さらに付け加えると、**成果を求めるには一定の期間が必要なのも事実です。**短絡的に結果を求めず、同じ方法で「3か月はやってみる」「100回繰り返してみる」といった継続もしてみてください。

すぐに成果を求める必要もなければ、すぐに仕事を変えようとする必要もありません。

焦らずに小さな積み重ねを続けることが、停滞した今の苦しさから抜け出すカギになるはずです。

シーン51

プレイヤーでは成果を出してきたが、マネジメント側になるとチームでの成果が出せない。自分にはマネジメントスキルがないのではと自信をなくしている。

プレイヤーとマネジメントは別のもの

どの世界においても、プレイヤーとマネジメントを同じ扱いをするのは難しいことです。一流のピアニストが一流の指導者になれるとは限りませんし、一流のスポーツ選手が名監督になれるわけではありません。

プレイヤーとして成果を上げてきた人は、マネジメント側になって同じように部下の成果も上げられるという考えを取り払うことが必要になります。

よくあるのは、成績を出している人がマネジメントを任され、同じやり方をチームメンバーにも強要するけれど、一向に部下の成果が出せず、部下がネガティブになる。

それと同時に、マネジメント側も追い詰められる、というケースです。

「自分はこれで成果を出してきたのだから、このやり方が正しい」というこだわりから、別のやり方をしている部下を見るとダメ出しをしてしまうのです。それでうまくいけば良いですが、そのやり方では成果が出ない部下も当然います。それでは部下が育たないばかりか、嫌悪感を抱かれてしまうだけでしょう。

まずは、**プレイヤーとしてのスキルや実績とマネジメントスキルは「別物」**という、前提の認識を持つことが重要です。

部下を信頼し、こだわりを手放す方がうまくいく

部下の成果が上がらないからといって、自分がプレイヤー側に回ってしまうと、いつまで経っても部下は育たず、チームとしても成長しないでしょう。

私にはマネジメントのプロとしてのアドバイスはできません。ですが、ネガティブ感情を生み出さないために必要なのは、**部下を信頼して突き放し、この機会に積極的**

に権限譲渡をすることです。

自分で考えて判断、決断してもいいシーンが増えることで、部下は成長していきます。「自分がやらないと」と前に出すぎずに、少し肩の力を抜いてチームメンバーと向き合うことで、うまく成果が現れてくるのではないでしょうか。

シーン52

周りの活躍に嫉妬してしまう

久しぶりに会った同級生が独立して起業していた。しかも、自分より数倍の収入を得ている。昔は同じように遊んでいたのに、差がついてしまったと感じる。

「嫉妬心」は自己防衛から生まれる自然な感情

人間は集団を構築し、その中で生存しようとする「社会的動物」です。この前提があるので、社会の中で「自分の居場所がなくなるかもしれない」という危機に対しては非常に敏感で、こうした状況に直面すると身を守るために嫉妬心が生まれるのです。

嫉妬心の根本にあるのは、「必要とされなくなる」「注目されなくなる」という恐怖心があります。

つまり、**他人に嫉妬するという状態は、自分の立場をなんとか守ろうとする生存本能の一種で、人間として自然な感情です。**「嫉妬する自分は醜い」と否定せず、今抱いている自分の気持ちを素直に受け止めましょう。

「比較」ではなく、「観察」をしよう

そんなネガティブ感情をラクにするためには、**成功者と「比較」するのではなく、「観察」することです。**自分にはできていなくて、相手にはできていることをよく観察して、小さいことでも真似できることを生活に取り入れてみてください。

そこから、今の自分で行動できることをやってみたり、やり方を変えてみたりすると、これまで自分を苦しめていた「比較」から離れることができます。

成功者には、必ず何かしらの成功法則があります。すべてコピーする必要はありま

せんが、自分の中でできそうなことを少しずつ真似してみると、心の負担が軽くなるはずです。

「比較」ではなく「観察」。今日からこれを習慣にすると、自分自身の意識が変わり、自己肯定感も高まっていくでしょう。

嫉妬心に気づいたら、
その相手を観察してみる

シーン
53

後輩の活躍を素直に喜べない。自身の営業目標は達成できているが、後輩の方がさらに結果を出しているのが悔しい。

私たちは、「相手が得することを嫌う性質」を持っている

これもシーン52と同じく、恐怖心から嫉妬が生まれていると考えられます。もう1つ違う観点から解説すると、「自分が損してでも相手を貶《おとし》めたい」という心理的行動を意味する**「スパイト行動」**が関係しています。

お金にまつわるスパイト行動の代表的な実験をご紹介します。

AさんとBさんそれぞれが出した金額の「倍の金額」が、2人に分配されるシステムがあるとします。

例えば、Aさんが10万円を出すと、倍の金額＝20万円の半分（10万円）ずつがAさ

んとBさんに分配されます。その場合、Aさんは10万円出して10万円戻ってきたので実質プラスマイナス0円。一方Bさんは10万円増えました。

お互いが10万円を出せばウィンウインなのですが、日本人は他の国の人と比較して、「10万円を出さない」、つまり、**自分に利益があるとしても、相手が得することを拒否する**「スパイト行動」に走る人が多いと言われています。

「後輩の活躍を素直に喜べない」のは、あなた自身の特性や性格の問題というより、私たちに元々備わった国民性が関係しているとも考えられるのです。

他人の成功より、自分の小さな成功に目を向ける

自分のことより他人のことに意識が向きすぎていると、他人への嫉妬心が生まれやすくなったり、自分に対して情けない気持ちが強くなったりします。

大切なのは、「相手が得をしている」という狭い範囲だけに注目しないことです。

そして、ここでも他人との「比較」をやめてみることです。

自分も営業目標を達成できているならば、それでOK。**他人の活躍よりも、自分の**

小さな成功に目を向けてみてください。

すぐには後輩の活躍を喜べないかもしれませんが、比較グセがなくなっていくと、徐々に気持ちがラクになります。

悔しさをバネに、自分の成長のためにエネルギーを使っていきましょう。

また、先輩・後輩という立場は関係なく、成功者が周りにいればピンチのときや相談したいときにサポートしてくれるメリットもあります。

これはミラーニューロンという神経細胞の働きで、簡単に言うと**私たちは良くも悪くも周りの影響を受ける**ということです。

つまり、**成功者が近くにいることで、自分も成功しやすくなるのです。**

こう考えると、妬んで突き放すのではなく、相手の成功を自分が喜ぶことが大切です。そうすることで、自分が成功したときに相手も喜んでくれるといった「返報性の原理」が働きます。

相手とこうした関係性を築ける方が、幸福感が高くなり、心は安定するでしょう。

シーン
54

転職への一歩が踏み出せない

今の仕事で結果を出すまで続けるか、見切りをつけて新しい仕事に挑戦するか。自分で決めるしかないのに、いつまで経っても決められない。

学生時代に好きだったものに触れて、記憶を呼び起こす

前にも「脳は変化することが苦手、現状維持を好む」とお伝えしました。転職したいのかどうかを確認するために、まずは自分の意思をはっきりさせる必要があります。そのためには、**好きなことや夢中になれること、やりたかったことを洗い出し、自己理解を深める時間を確保しましょう。**

キャリアの相談を受けていると、「考えているうちに、何をしたいのかわからなくなった」という人が結構います。「親に言われたからこの職業を選んだ」「本当に好きな仕事ではなかった」という人もたくさん見てきました。

私がおすすめしたいのは、中高生の時期に好きだったことを思い出してみたり、その時期に好きだった音楽や漫画に触れてみたりすることです。

「そういえば当時これが好きだった」
「これをやりたいと思っていた」

例えばこのように、自分が元々進みたかった道が見えてくることがあります。やりたいことや進みたいことがつかめると、すぐ転職してその方向に進むのか、今は見送って様子を見るのかが、少しずつ明確になってくるはずです。

小さな行動を起こして、流れを変える

学生時代を思い返したところで「何をやりたいのかわからない」という人は、**より一層、自分と向き合う時間を意識的に作ってください。**

例えば、今気になるテーマの本を読む、日記を書く、学生時代の友人と会って気持ちを吐き出すなど、インプットとアウトプットを通して自分を見つめる中で、進みたい方向ややるべきことを探っていきます。

どんな些細なことでもいいので、**小さな行動があなたのキャリアを作っていくこと**をどうか忘れないでください。

仕事をこの先も続けられるか不安になる

シーン55

好きな仕事ができていて幸せを感じる一方で、業界は低迷し、決して収入も高くないので、10年先も今の仕事を働き続けられるか不安になる。

先のことよりも、「今」の充実に目を向ける

好きなことを仕事にできている人は、かなり少ないと思います。100人面談して1人いるか、いないかくらいのレアなケースです。興味がある業界に就職はできても希望職種ではない、そもそも好きな仕事に就けなかったという人が大半ではないでしょうか。

このシーンの場合、業界は低迷しているかもしれませんが、どんな業界や企業へ転職しても先のことはわかりません。先行きを不安視するよりも、**好きな仕事に携わり、「今」を充実させることに集中した方が、幸福度は高くなります。**

それに、10年後は時代が変化したり、自分の健康状態が変わったりする可能性もあるでしょう。それを考えると、好きと言える仕事が「今」できているならば、転職を急ぐ必要はないのではないでしょうか。

「好き」という気持ちが仕事の原動力に

「継続は力なり」という言葉がある通り、1つのことを継続する、蓄積するといった経験値に勝るものはありません。

また、「好き」という気持ちは、ものすごく大きな原動力になります。トラブルがあっても立ち向かう力、新しいことにチャレンジする行動力など、どんな状況でもまい進するパワーを生み出します。

未来を不安視しすぎて、好きかどうかわからない業界に転職しても、これまでのように生き生きと働ける保証はどこにもありません。

「好き」と言える仕事に、思う存分力を注いでいく方が、ネガティブな感情に捉われず、健全に働くことができるはずです。

「好き」という感情は、ネガティブをも退けてくれるのです。

反射的に
受け取らない
［街中編］

日本人は共感力が高い

道で大声を出して喧嘩している人や泥酔している人、ゴミで汚れた街並み、事故現場など、自分が見たいと思っていなくても、殺伐とした場面や環境が目に入ってしまい、不本意ながら衝撃的なシーンに遭遇することがあります。

そんなとき、多くの人はネガティブな感情を一度受けても、時間の経過と共にその感情は薄れていきますが、なかには強く影響されやすい人がいます。

こうした人のことを、英語で「共感」や「感情移入」を意味する「Empathy（エンパシー）」という言葉から派生し、「エンパス」の傾向にある（共感力の高い気質を持った人のこと）と呼ぶことができます。

「人の話を聞いていると、自分の感情と交じり合ってわからなくなる」
「人の悩みを聞いていると、自分のことのように感じて一緒に悩み始める」
「体調の悪い人と一緒にいると、自分も気分が悪くなってくる」

ネガティブの置き場所③

エンパスの傾向がある人は、このように相手や周りの影響をまっすぐに受けてしまいます。エンパスの共感しやすさには個人差がありますが、情報過多な現代社会は刺激になるものが多く、過敏に反応して生きづらさを感じている人も少なくありません。

そして、人を気遣う繊細な心を持つ日本人は、実はエンパスな傾向の人が多いとされています。

日本人は昔からご近所さん同士のつながりが強く、小さなコミュニティで暮らしてきた社会背景があります。「相手を察する文化」が根強く引き継がれたことも、共感力や感情移入につながっているのかもしれません。

自分が生まれ持った気質や傾向は、努力でなくしたり変えたりできるものではありません。なので、あまり悲観的になりすぎず、「自分以外にも同じような人がいる」と捉えるくらいの心の余裕を持つことが大事です。

目に入るものに過剰に反応してしまう

シーン56

長く恋人がいない私は、クリスマスや花火大会など、街で幸せそうなカップルを見るたびに、羨ましさと共に悲しさがこみ上げてきてしまう。

情報をシャットアウトして、心の自己防衛を

これは前のページでお伝えした、共感力の高い「エンパス」の傾向があります。目に入る情報からネガティブな感情になりやすい人といえます。

このタイプの人は、一度嫌な情報に触れてしまうと、湧いてきた感情を抑えることができないのが特徴です。

これは「苦い」と感じたのに、「甘い」という感情に置き換えることができないのと同じです。どれだけ考えないようにしても、

「カップルを見る→羨ましい→悲しくなる」

という気持ちを消すことはなかなかできません。

目に入る情報からネガティブ感情を引き起こさないためには、**情報を自らシャットアウトするしか方法はありません。**

恋人がいなくて悲しい気持ちになってしまうのなら、特別なイベントのある日には、なるべく街を歩かないことをおすすめします。

自分が苦しくなるくらいなら、時には仕事も休んでもいいのです。電車にも乗らず、飲食店にも行かず、家で好きに過ごした方が心は安定していくでしょう。

あなたの心を乱すような情報は、強制的にシャットダウンし、できる限り自分から遠ざけることを第一優先にしてください。

クリスマスにカップルでディナーを食べて夜景を見る
花火大会に浴衣を着てデートをする

こうしたイベントは、身近に楽しんでいる人がいると、勘違いしやすいのですが、誰もがやっているわけでもなく、全体を見れば少数派です。

「自分だけ経験がなくて羨ましい」と悲観的にならず、物事の裏側にある現実に目を向けることを心がけましょう。

また、どうしても仕事やプライベートの予定があるのなら、好きな音楽でも聞きながら街を歩いてみてください。

感情は聴覚にも影響を受けるので、不快にさせる情報は耳からシャットアウトして、反対に気分が上がる音を聞いてみるだけで、苦しさの原因が気になりづらくなっていきます。

さらに、時間を持て余しすぎると、自分より人に目が行きやすくなってしまうのが人間というものです。時間が有り余り過ぎていると、むしろネガティブになってしまうのであれば、**自分が夢中になれること、楽しいことを探して没頭する時間**を意識して作った方が良いです。

世の中にとって価値がない人は1人として存在せず、誰にでも長所と短所が必ずあります。

「恋人がいない」という現実を見つめ続けるよりも、自分の「長所」に目を向けて、徐々にネガティブ感情を手放していきましょう。

長い行列に並ぶのがストレス

シーン 57

応援しているアイドルのグッズを買うために、早起きして行列に並んでいるが、あまりにも時間がかかりストレスになる。「私だけ早く手に入れられないだろうか」という身勝手な気持ちがよぎり、「なんて心が狭いのか」と自己嫌悪になる。

どんなネガティブな感情も、自分のものだと受け止める

手に入れたいものであれば、行列に並ぶのは仕方がないことです。そうは言っても、なかなか順番が回ってこない状況は、誰でもストレスに感じるシーンでしょう。

「自分だけ早く手に入れたい」と思う感情は、まったく悪いものではありませんし、

「心が狭い」と自分を否定する必要もありません。
なぜなら、本書で何度もお伝えした通り、感情に良し悪しはないからです。

感情のままに行動する方が危ない

「楽しい」「嬉しい」といったポジティブな感情も、「怒り」「妬み」「悲しい」「苦しい」といったネガティブな感情も、どちらも自分の心の中から湧いてきた大事な感情です。感情に良い・悪いはなく、**自分が何を、どう感じようが本人の自由です。**

ただし、その感情のまま行動に移してしまうのは、時に社会生活に支障が出たり、人に迷惑をかけたりするので注意が必要です。

例えば行列に並んでいるとき、「イライラした感情を抑えきれず並んでいる前の人に割り込む」「早く進んでほしいと口に出して悪態をつく」など、周りを困らせる行動は、避けた方が良いでしょう。

心の中でネガティブな感情を持つのは自由。だけど、**行動に移すときは人として細心の注意を払う**ことを忘れないようにしたいですね。

シーン
58

ゴミなど汚れた環境を見てしまう

若い人が外で食べたり飲んだりして捨てたゴミを、早朝に年配のボランティアの方が拾っている姿を目にする。若い人のマナーの悪さが許せない。

心の疲れは、ネガティブな出来事に投影される

このシーンの場合、目にしたものを、忘れようとすればするほど忘れられなくなる「強化」という状態が起こっています。**「強化」が起こりやすいのは、自分が疲れているときや心配事があるときです。**

その不安定な心境が、自分の目で見た「汚れた環境」「マナーの悪い若者」といっ

たネガティブな出来事に投影されてしまい、負の感情が強くなるのです。

この感情は、自分の精神状態が発端となって生まれるので、心のゆとりを取り戻さない限り、抜け出せないでしょう。

さらに、**心に持っているネガティブ感情から、自分を守る防衛反応でもあります。**

ゴミや不特定の誰かなど、ルールを逸脱した人に腹を立てる行為そのものが、元々自分の中にあるネガティブ感情の代替になっているのです。

「心に余裕がない」状態に気づき、自分を癒やす時間を

こうした感情が浮かび、敏感に反応してしまうのなら、まずは

「自分は今、心に余裕がなさすぎるかも」


と自分に問いかけてみてください。

その問いかけに対して、自分の感情がイエスであるのなら、自分を労わるための休

息を持ち、癒やしの時間を意識して作りましょう。

温泉に行く、音楽を聞く、寝る、映画を観る、おいしいものを食べるなど、どんなストレス解消法でも構いません。**自分にとって一番効果的なセルフケアを知っていることも、ネガティブ感情を長引かせないコツです。**

仕事だけでなくプライベートで楽しいと思える趣味を見つける、好きなことをして過ごすなど、自分をリラックスさせるストレス解消法を探してみてください。

ぜひ、目に入る小さな情報に、影響を受けない自分を作り上げていきましょう。

「心に余裕がない」状態に気づくことが大事

シーン
59

店員の態度が気になる

店員にドリンクのおかわりを頼んだとき、なぜかため息をつかれ、嫌な態度を取られた。不愉快に感じたので、注意したいと思ったけれど、人に強く言えない性格から結局自分が我慢することになる。

咄嗟《とっさ》の出来事に対し、声を出せる人は少ない

日常生活でよくあるこうした小さなイライラも、多くの人が感じるネガティブなシーンの代表でしょう。飲食店の店員に不快な気持ちになったのは、見下されたことへの腹立たしさや、ぞんざいに扱われた悔しさなどが根底にあります。

店員におかわりを頼み、嫌な態度を取られるまでの時間は、ほんの数秒の出来事です。**人はこうした考える暇がないほどの咄嗟の出来事には、うまく対応できません。**「何も言えなかった」のはあなたの性格の問題ではないので、気に病む必要はありません。

こうした咄嗟の状況では、ほとんどの人が発言できなくて当たり前です。

「心の疲れ、弱さ」があると切り替えができない

態度が悪い店員には、心優しい人でも腹が立つものです。だけど、心の切り替えが上手な人は、その出来事をいつまでも引きずりません。

店員のことを「かわいそうな人」「残念な人」と自分なりに感情を整理し、後は気持ちを切り替えることができます。それができるのも、心に余裕があるからです。

反対に、店員の態度が気になって嫌な気持ちが収まらないのは、心が弱っていたり、日常生活が手一杯になっていたりするからでもあります。

日常で起こる小さなネガティブを跳ね返すには、自分を大切にして、心にゆとりを持った状態でい続けることです。

その状態になると、街の中で何が起こっても、どんな嫌な人が現れても、軽やかな心で日常生活を送ることができるでしょう。

シーン60

センシティブな光景を目にしてしまう

たまたま街で事件に遭遇してしまった。犯人は逮捕されたようだけど、被害者の方が泣き叫んでいた姿が今も忘れられず、ふとその光景が浮かんでしまう。

「負の感情」は制限なく膨らんでいく

このシーンのような事件や、街中で起こるケンカなど、たまたま出会ってしまった光景をきっかけに、メンタル不調を引き起こす人がいます。

事件や事故の当事者のみならず、目撃してしまった人や関係している人への心のケアが大事と言われるのはこのためです。

序章でもお伝えしましたが、**人の想像力は果てしなく、負の感情はあっという間に膨らんでいきます。**被害にあった被害者の痛みや苦しみを想像したり、かわいそうに思ったりすることは誰でもありますが、その気持ちに感情が入りすぎて強くなると、自分自身の心のバランスを崩す原因になります。

その結果、必要以上に落ち込んだり、悲観的になったりして、日常生活に影響をおよぼしてしまうのです。

1人で抱え込まず、人に話して心を浄化する

事件に遭遇したときにショックを受けたり驚いたりしても、多くの人は徐々に忘れて回復していきます。

しかし、自分が別の悩みを抱えていたり、うまくいかないことに落ち込んだりして心が不安定な状態だと、遭遇したネガティブな出来事に一気に感化されてしまいます。

それを足掛かりにネガティブ感情が大きくなり、心を支配されてしまうのです。

こうしたネガティブ感情を払拭するために、一番効果があるのは**人に話す**ことです。家族や友人など、安心して気持ちを話せる相手を選んで、

「こんな事件を目にしてしまって、今こうした気持ちを抱えている」

と率直に伝えてみてください。

その際、センシティブな光景を無理に忘れようとする必要はありません。**口に出して吐き出すことは、感情を浄化する「カタルシス効果」がある**とお伝えしましたが、話を聞いてもらうだけでも、抱えていたつらい気持ちが落ち着いてくるはずです。

内容がセンシティブな話で、どうしても大切な家族や友人に話したくないという人は、公認心理師や心理カウンセラーなどの専門職の力を借りてください。自治体の心の相談窓口などに電話してみるのも良いでしょう。

1人で抱え込まず、早く誰かに話すことが、感情の置き場所を変える近道です。

ネットの情報に
一喜一憂しない
［ＳＮＳ編］

SNSの利用頻度が高いほど、うつ病になりやすい

企業の研修でお伝えしているのですが、「否定・非難・批判・比較」はトラブルになりやすい言動で、私はこれを「4H」と呼んでいます。

ネットやSNSで起こるトラブルは、この中の「比較」に当てはまります。SNSの投稿と自分を「比較」し、自分自身がネガティブになるケースが非常に増えているのです。

SNSは多くの人とつながりを持てたり、知らない情報に出会えたりと、楽しく便利なサービスです。しかし、現実を忘れるほどその世界に没頭してしまうと、私生活に影響を及ぼして現実と理想のギャップに苦しくなり、ひどい場合はうつやパニック症状といったメンタル不調を引き起こす場合もあります。

まずは、SNSの世界は発信者によって作られた、本当とウソが入り混じる世界だと認識することが大事です。「1枚の画像」「数秒の動画」は、その人の生活のごく一部を

ネガティブの置き場所④

切り取ったものに過ぎません。SNSの真偽の判断をせず、発信者が見せたい世界を加工して作り上げ、それを投稿していると思っておきましょう。

また、どうしても「SNSを見ると心がざわつく」という人は、少しお休みをとるべきタイミングです。

ピッツバーク大学医学部研究チームの研究では、SNSの利用頻度が高いほど、うつ病になりやすいという結果が出ています。

SNSは、生活を充実させるための補助ツールと考えると、これほど便利なものはありません。興味関心のある情報をきっかけに、欲しかったものを買うことができたり、美味しいお店を発見できたりします。また、リアルに会えていない友人や知り合いの投稿を見て、コメントや「いいね」をすることで、心のつながりを感じることができます。

SNSは使い方次第で生活の質を上げてくれるので、自分の感情と上手に折り合いをつけながら、自分を消費しない使い方を心がけましょう。

シーン
61

人と比べてしまう

ＳＮＳを見ると、仕事で活躍している人をたくさん見かける。そういった人の投稿を見ることでモチベーションアップにつながる一方、「自分は社会で必要とされる存在にはなれないのでは」と不安になる。

「比較」はトラブルの要因になりやすい

前のページでお伝えした比較・否定・非難・批判の「４Ｈ」のうち、このシーンは「比較」に当てはまります。**ＳＮＳの投稿を見て誰かと比較をするのは、ネガティブ感情の要因になりやすい行為の最たるものです。**

SNSは楽しく便利な反面、見なくてもいいものをわざわざ目にしてしまうという一面もあります。見なくてもいい情報に触れてしまい、気分を悪くしたり、落ち込んだりするのは、人生の時間を無駄にしているとも言えます。
まずは、それ自体が「もったいない行為」ということに気づきましょう。

ロールモデルを作らないことが、心の安定につながる

よく「社内にロールモデルとなる先輩がいない」と相談を受けることがあります。
それに対し、私は「ロールモデルは必ずしも必要ない」と答えています。
なぜなら、**その比較こそが、不安な感情を生み出すからです。**

「〇〇さんのような結果を出そう」
「〇〇さんのような仕事ぶりを目指そう」

こうした目標は一見大事に思えますが、必ずしもそうとは言えません。当然ですが、

その人とあなたは別の人だからです。

また、ロールモデルとなる人の能力や特性もそうですが、刻々と変わる時代背景も大きく影響した上で、その人の結果につながっています。

うまくいかなかったときに「自分はダメだ」という感情が生まれ、ネガティブに傾きやすくなるので注意しましょう。

ＳＮＳの投稿が、「モチベーションアップにつながる面がある」ということは、知らない人をロールモデルにし、目標の１つとして捉えているということでもあります。頑張る勇気をもらえる程度ならよいのですが、行動などを逐一、チェックするなどのめりこまないことが大切です。ＳＮＳの投稿はすべてが真実とも限りませんし、まったく同じようにはできないからです。

ですから、**「この人みたいになりたい」という思いは強く持ちすぎず、あくまでも参考程度にしましょう。**ＳＮＳの中の人を、自分との比較対象にしないだけでも、簡単にネガティブな感情が抑えられます。

ロールモデルは、いてもいなくてもいい

シーン
62

成功者が投稿する「20代でやっておくべきこと」「役に立たない管理職の特徴」といった内容を見ると、自分にも当てはまることが多く、これまでやってきたことは意味がなかったのではないかと感じてしまう。

「物事には多面性がある」と捉え直す

この場合、ＳＮＳでの投稿を正論と捉えて、それ以外は「間違い」という融通の利かない思考に陥っていることが問題です。

物事には必ず多面性があり、「1つのことができないから、すべてダメ」ではなく、反対に「これができていればすべて大丈夫」というわけでもありません。

「20代でやっておくべきこと」は1つの側面にすぎず、活躍している人の全員がやっているわけでもなく、たまたまその成功者がやっていたことかもしれません。当然ですが、すべてが必ずしも、あなたにとって必要とは限りません。

例えば「説得力のあるリーダーは、話し上手」といった情報があったとします。だけど、流暢によどみなく話すリーダーを説得力があると感じる人もいれば、反対に威圧的と感じたり、言いくるめられてしまいそうと感じたりする人もいるはずです。

このように、物事には1つではなく、複数の面があると常に認識しましょう。

情報とは、自分で読み解いて受け取るもの

このシーンの方は、「成功者のアドバイスを取り入れる」「自分に足りないところを見つめる」という素直でポジティブな性格です。そのまっすぐな性格は大切にしつつ、SNSでの発信を鵜呑みにせず、丸ごと受け取りすぎないことも必要です。

特にSNSのように**誰でも書き込みができる情報は、あくまで参考程度に留め、その内容を自分の中でもう一度考え、読み解いた上で受け取るクセをつけましょう。**

大事なのでもう一度言いますが、成功者が言っていることはごく一部。それと比較して、自分がやってきたことのすべてを否定する必要はないのです。

シーン
63

キラキラした生活に憧れてしまう

お金持ちと結婚した友人のSNSでは、海外旅行し、おいしいものを食べ、欲しいものを買ってもらう華やかな投稿ばかり。私の家庭は友人のような暮らしとはかけ離れた生活。憧れの気持ちから、目にするたびに苦しい気持ちになる。

人は「希少なもの」に憧れやすい

私たちには、**希少なものに憧れる**気持ちが強くなりやすい傾向があります。例えば、「限定30組」「今だけ20%オフ」といった特別感を感じると、つい買ってしまうという心理が働きます。

加えて、ネガティブになりやすい人ほど**「隣の芝は青く見える」**という心理も働きやすいです。

残念ですが、比較対象を持ち、自分と比べる行為をやめない限りは、今感じている苦しさに終わりはなく、いつまでたっても心穏やかな日は訪れません。

お金持ちと自分を比べ、例えばその人と同じ高級ブランドバッグが買えたとしますするとまた別の条件が生まれ、次は海外旅行、それがクリアできたら高級車というように、次々と憧れの条件を追いかけることになります。

こうした比較をやめられるのは、自分しかいません。

考え方や価値観が孤立すると、ネガティブになりやすい

SNSやインターネットである情報を検索すると、まるで泡に包まれたように関連情報しか見えなくなる、**「フィルターバブル」**という言葉があります。

検索サイトが個人に最適化した情報だけを表示し、それ以外の情報を遮断する機能を備えているからです。

ＳＮＳでお金持ちのキラキラ投稿だけを見ていると、いつの間にか同じような投稿ばかりが目に入るようになります。すると、脳が洗脳されてますますお金持ちと自分を比較してしまい、その結果、憧れがより強くなってしまうのです。

こうした考え方や価値観の孤立は、ネガティブ感情につながりやすい特徴の1つです。ＳＮＳの世界での比較をやめて、自分の暮らしの中での**「よかったこと探し」**を習慣にしてみてください。

他人のキラキラ ✕
rich
いいなぁ
自分の小さな幸せ ○
よく寝たー
いい一日になりそう！

SNS の投稿と自分を比べない

「今日はすっきり目覚められた。いい1日になりそう」
「スーパーで買った魚がおいしく焼けた」
「たまたま入ったカフェの居心地が最高だった」

他人のキラキラ生活ではなく、自分の生活の中で起こる「小さな幸せ」に目を向け、「幸せの本質」を見つめ直せば、ＳＮＳから受け取るネガティブ感情と距離を置くことができます。

繰り返しになりますが、「比較」さえやめれば、心の平和は自分自身で取り戻せるのです。

シーン 64

どれだけ働き、成果を出しても、収入が上がらない。ＳＮＳを見れば、同級生や同世代の中でお金を稼いでいる人が目に入り、経済的格差を感じてしまう。

「キラキラ投稿」のすべてが真実とは限らない

こうしたネガティブ感情は、「比較が不安を生む」典型的な例です。

特に、同級生のキラキラした生活を見せつけるような投稿は、ますます身近なものとして捉えてしまいがちです。関係性が近いほど、人を羨ましく思う気持ちが強くなります。

前提として、**ＳＮＳに投稿されている内容は、その人の生活のごく一部でしかなく、表面的な部分だけが自分の目に見えている**ことを再認識しましょう。毎日贅沢でキラキラした生活をしているのが真実とは限らないのです。

なかにはＳＮＳに投稿するために、偽装をしている人もいます。実際に、偽装投稿に悩む人からの相談を受けることも度々あります。

ブランド物の投稿をしているけど、実は借金を抱えて破産寸前。富裕層として写真に写っている友人は実はレンタルフレンド。このように承認欲求が強く、SNSの偽投稿をやめられないことが苦しいという相談は少なくありません。

こうした投稿に自分が苦しまないためには、他人のSNSのすべてを真実だと思い込まないことが大切です。それよりも自分の生活に目を向けて、**「足るを知る」感覚を身につけられると、幸福感が高まります。**


「コーヒーがおいしかった」

「今日やるべき仕事が終わった」

「天気が良かった」


このように、現実の中での幸せを見つけましょう。その習慣を持てるようになると、他人との比較からくる不安を軽減できるはずです。

一方で、「どれだけ頑張っても収入が上がらない」という問題を解決したいのなら、何かしら状況を打開する行動が必要でしょう。

成果に見合った報酬や待遇を会社に申し入れる、それに応じてくれないならば転職して収入アップを目指すなど、「どうせ上がらない」と諦めず、自分にできることは動いていきましょう。

それでも収入が上がらないのなら、副業に挑戦するのも1つの手です。**1つのことを続けてやっているよりも、異なる2つのことに取り組む方が、相互作用が生まれて本業が副業に、副業が本業に役立つこともあります。**

こうして視野を広げるのも、不安な気持ちの解消につながります。新しいことに目を向けてみることで、停滞している現状から一歩抜け出せるかもしれません。

誹謗中傷を受ける

シーン 65

SNSで何気なく発信した文章が、思いもよらない反響があり、賛否の意見が届くように。怖くなって一度SNSから離れてみたけれど、その間も誹謗中傷され続けている気がする。

SNSでの発信は、世界中に向けたもの

いろんな人とコミュニケーションが取れるSNSですが、**世界中の不特定多数の人とつながっている**ことを忘れてはいけません。

SNSで一度投稿したら、自分が意図していなくても拡散されたり、コメントされ

たりします。投稿を削除しても、投稿者が特定されたり、半永久的にインターネット上に残ったり、誹謗中傷を自分で回避するのは簡単ではありません。

そして拡散されるほど、無自覚に攻撃してくる人や、意図的に敵意を持って関わってくる人は絶対いるのも事実。まずは、**「SNSを使う＝世界中の人が見ている可能性がある」**という前提を持つようにしてください。

相互交流をやめて、一方通行の発信を

人とリアルで会って話すコミュニケーションでは、いかに相互交流をうまく行うかが大事なポイントです。一方SNSの場合、相互交流が思わぬトラブルに発展する可能性があります。

そのため、コメントを読むと傷ついてしまうなら、投稿してもコメントや「いいね」などの反応は絶対に見ない、もしくは良いコメントだけを読むなど、自分なりの自己防衛措置を取るのがポイントです。

それが難しく、どうしても誹謗中傷を含めて目に入ってしまう場合は、コメントを

閉じる機能を使いましょう。**SNSでの相互交流をやめ、一方通行の発信にすることで、余計なストレスを感じずに生活ができるはずです。**

そうはいえども、一方通行での発信が、絶対に特定の誰かを傷つけたりする行為であってはいけません。

デジタルから距離を置いて、私生活で楽しいことや夢中になれることに取り組めば、穏やかな心を取り戻せるはずです。

穏やかで落ち着いた生活があってこそ、SNSを思う存分に楽しめるようになる。

どうかこの順番を忘れないでください。

シーン
66

ネットの情報に心を痛めてしまう

児童殺害の悲しいニュースを目にしてしまった。自分にも子どもがいるので、いつか同じことが起こるのではないかと不安になる。とはいえ、ずっと子どもを外に出さずにいることもできない。

危険を回避できる「具体策」に目を向ける

子どもを心配するのは親として当然のことです。しかし、過剰に心配しすぎると、自分の心が保てなくなるばかりか、日常生活に支障をきたしてしまいます。

この場合、たとえ家の中にいたとしても、大地震が起こるなど危険な目に遭う可能性はありますし、外に出ないからと言って絶対に安全とは限りません。

子どもが犯罪に遭わないために、親の立場からできるのは、回避できる対策を子どもと考えてみることです。

例えば、「夜に暗い道を歩かせない」「知らない人に話しかけられた時の対処法を話し合う」など、**具体的にできる予防策を親子で一緒に実践しましょう。**そうすることで、今感じている不安も少しは軽くなります。

第三者に相談して、安心できる情報を得る

ほかにも有効なのは、第三者に相談することです。

家族や信頼できる友人、同じ年ごろの子どもを持つママ友・パパ友などに

「この間のニュースで不安になってしまって……」

「心配なんだけど、お宅ではどうしてるの？」

と打ち明けてみましょう。内側に抱えている気持ちを誰かに聞いてもらうことで、少し不安が落ち着くでしょう。

1人で考えず、誰かと話し合って情報を得ることで、「どうやって対策したら良いか」といった具体策が生まれます。**漠然とした恐怖に不安を感じ続けるよりも、何かしら行動に移して、次にやるべきことを見つける**のが、ネガティブ感情を上手に付き合うポイントです。

シーン67

いつもは温厚な同僚の裏アカを偶然にも見つけてしまった。他人を傷つけるような暴言や、噛みつくようなコメントをし、SNSでの言動と普段の姿が違いすぎて疑心暗鬼になってしまう。

非主張的な人は、攻撃的な一面を持っている（場合が多い）

このシーンでは、自分が予想していなかった違う面を見たことで裏切られた気持ちになり、それがネガティブな感情を生んでしまっている状態です。

人は誰でもさまざまな面を持っていて、すべてをオープンにして生きているわけではありません。温厚で優しい面もその人の姿であり、攻撃的な面もその人の姿です。**ただ知らなかっただけで、どちらも本当の姿なのです。**

良好な人間関係を築くために**「アサーティブ」**という伝え方のスキルがありますが、

いつもアサーティブでいることは不可能で、場面や相手を選んで3つの自己表現をしています。

その3つとは、「非主張」「攻撃」「アサーティブ（適切）」です。

そのうち「非主張」は言わないという自己表現、「攻撃」は文字通り相手を無視して自分を押し付ける攻撃性のある自己表現のことです。実は、**「非主張」と「攻撃」は表裏一体で、「非主張的な人ほど、どこかで攻撃性を持つ」**と言われています。

「会社ではおとなしく優秀な人が、家に帰ると妻を支配下に置いている」
「家では妻の言いなりの夫が、会社では部下に怒鳴ることが多い」

このようにして、非主張的な分、別の場所で攻撃性を持つことで心のバランスを取っているのです。このシーンの人も、非主張的な自分とのバランスを取るために、SNS上で攻撃を繰り返しているのかもしれません。

ちなみに攻撃とは「怒鳴る」「叱る」だけでなく、「遠まわしに指摘する」「ネチネチ嫌味を言う」ことも攻撃表現に当たります。

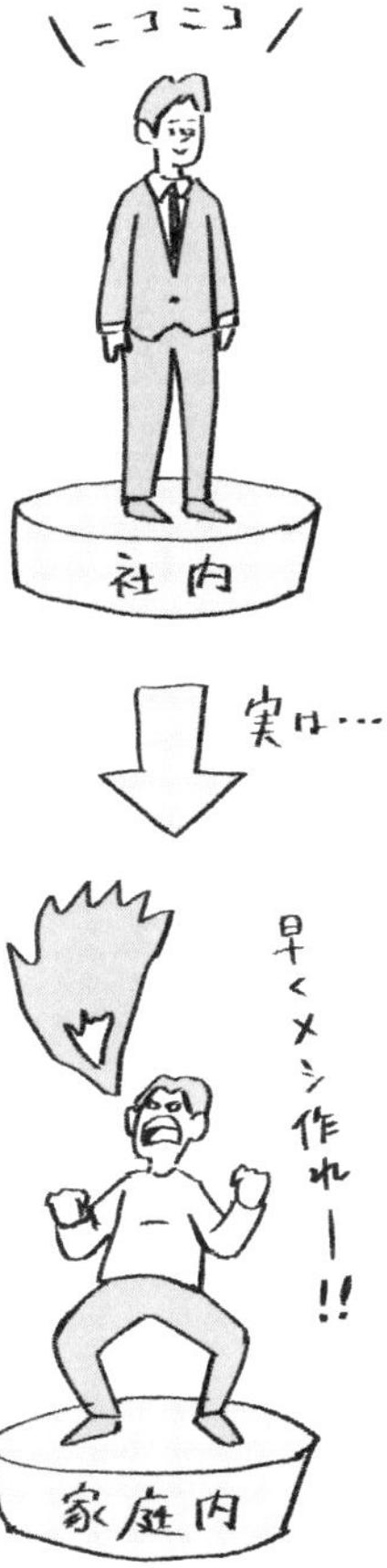

主張のない人ほど、
攻撃性を持っているケースが多い

心のざわつきを抑えるには、距離を置くこと

いつもと違う面を偶然見たことで相手に対して疑心暗鬼になったのなら、一度、一定の距離を取ることをおすすめします。

「プライベートの話をしない」
「連絡や相談はメールやチャットのみにする」
「2人きりにならないようにする」

このように、関わりを必要最低限にすることで、自分の心がざわつかないように対応するのが先決です。

また、ネガティブの元凶となったSNSは、自分の心を守るためには一旦見ない方が得策でしょう。ミュートにする、履歴を消すなどして、目に触れる機会を意識的に少なくしましょう。

フェイクニュースに出くわす

シーン68

誰かの手で作られた偽物の動画だとわからず、拡散してしまった。後からフェイクニュースだったと判明し、確認しないまま拡散した自分の浅はかさに落胆。

衝撃的なニュースほど、共有したくなる心理が生まれる

驚くような情報、価値観を変えるような衝撃的な出来事など、新奇なものは人の注意をひきつけます。フェイクニュースのような情報もその代表です。

さらに、**私たちは新奇な情報を見ると、「誰かと分かち合いたい」という心理が生まれます。**このどちらも、人間が持つ自然な心理現象です。こうした背景もあるので、

フェイクニュースほどあっという間に拡散されてしまうのです。

また、社会心理学上では、自分と交流の多い家族や親しい友人だけでなく、**つながりのある人からの情報や意見ほど信じ込みやすい**と言われています。

まったく知らない人が言っている情報より、SNSやリアルでつながっているだけでも、そうした人の言っている情報の方が信じやすいのです。

びっくりしてもすぐに反応せず、一歩引いた目を持つ

情報を拡散したときは、「誰かにもこの情報を伝えたい」という気持ちがあったかもしれません。しかしそれが、間違った情報や誰かが作ったデマ情報であれば、拡散した側の責任も問われてしまいます。

特に、自然災害や事件に関連した情報の拡散は、人命やパニックの原因につながる可能性もあるので、より一層慎重にならないといけません。

SNSを使う上で大事なのは、**「反射的に反応をしないこと」**です。

衝撃的な情報ほど、びっくりして瞬時に拡散したり、「いいね」を押したりと反応

したくなりますが、「ひと呼吸置く」ことが何よりも必要です。

「これ本当なの？」「いつの情報？」など、一歩引いた疑う目を持つことです。

そして、「怪しい」「なんとなく違和感がある」と思ったら、その情報元を調べたり、投稿者のプロフィールや他の投稿内容を見たりして、自分自身で信ぴょう性を確かめる習慣を身につけましょう。

確証のない情報に巻き込まれないためにも、自分の目で確かな情報を選び取り、SNSでのトラブルやストレスを防ぎましょう。

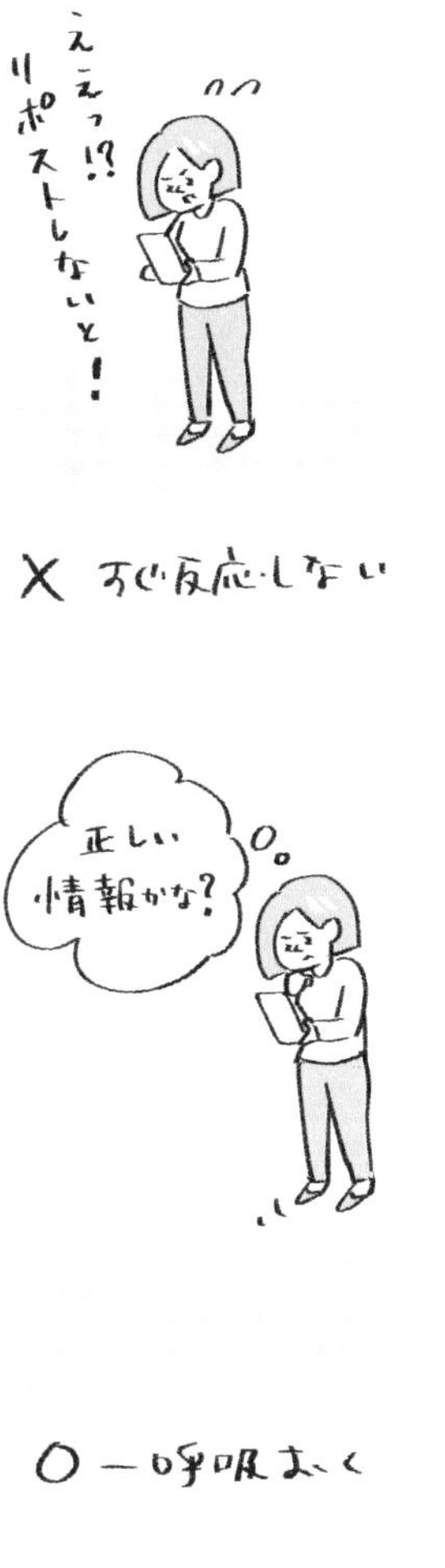

SNSの投稿には反射的に反応しないこと

シーン 69

「いいね」や共感が得られない

「いいね」やリアクションの数を気にしてしまう。どれくらい反応があったか、数分後、数時間後など何回もSNSを開いてしまう。

すでに幸せな状態であることに気づく

「いいね」やリアクションの数にこだわってしまうのは、承認欲求が強いからともいえます。アメリカの心理学者でアブラハム・マズローが唱えた「マズローの欲求」という5段階の欲求階層説があります。

一番下から、生きていくための本能的な欲求である「生理的欲求」、安全で安定した環境で暮らしたいという「安全欲求」、会社の組織や仲間などから受け入れられたいという「社会的欲求」、他者から認められたいという「承認欲求」、自分自身の満足を求める「自己実現」の5段階です。

この5段階のピラミッドを見ると、「承認欲求」は上から2つ目。生理的欲求や安全欲求、社会的欲求がクリアされた上ではじめて生まれる欲求です。

そう考えると、**最低限の3つの欲求はかなり満たされた状態です。**「今も十分幸せなんだ」と、自分の現在地を客観的に捉え直してみてください。

SNSではなく、「身近な人からの承認」が心を満たす

承認欲求は、SNS上での誰かよりも、目の前にいる身近な人が承認してくれることで満たされます。裏を返せば、**SNS上での他者からの共感にこだわっているのは、身近な人に承認してもらっていないことを意味します。**

例えば、SNSに載せた手料理の写真に対して「いいね」を求めているとします。

それよりも、目の前にいる家族やパートナーに「この料理おいしいね。また作ってほしい」と言ってもらえた方が、確実に承認欲求は満たされます。しかも、顔の見える家族の承認の方が心の満足度は高くなります。

SNSでリアクションされることを目標に写真を撮るのではなく、例えば料理なら「家族が喜ぶメニューを作る」「見た目より味にこだわる」など、身近な人が喜んでくれるような行動にエネルギーを向けてみてください。

シーン 70

SNSを見すぎてしまう

SNSをついダラダラと見てしまうのをやめられない。気づくと1日の大半を費やしてしまい、時間を無駄にしたことを後悔する。

SNS依存をやめるには、環境を変えるしかない

見ることをやめたくてもやめられないのは、典型的なSNS依存の状態です。ネガティブな感情にならないためにも、ダラダラと過ごすこと自体は悪いことではありません。

心の疲れをリセットするために、何もしないでボーっと過ごしたり、1日横になっ

てゴロゴロ過ごしたりすることは、むしろ必要なことです。だから、ダラダラと過ごしたことには罪悪感を持たなくても良いでしょう。

ただし、「SNSのチェックで1日が終わってしまった」「1日だけではなく何日も同じように過ごしている」という状態ならば、少し問題です。タバコをやめられない人と一緒で、依存状態に陥っています。

そして、こうした依存をやめるには、環境を変えるしか方法はありません。

強制的にシャットアウトして、SNSから距離を置く

本当にSNSチェックをやめたい気持ちがあるなら、

「1日1時間は電源を切る」
「使用時間を制限するアプリを使う」
「違う部屋に置くか、家族に預けてしまっておいてもらう」

など、自ら離れる方法を実践してみてください。

最初は「見たい」という気持ちが抑えられずソワソワするかもしれませんが、それに慣れてくると他のことに目を向けられるようになります。**徐々にSNSと距離を置くことができると、「今日はいつもとは違うことができた」というポジティブな感情が生まれてくるでしょう。**

SNSは自分が必要としていない情報は排除され、興味関心のある情報が上がってくる仕組みになっています。それに加え、スマホで見たときに次の動画や情報をつい見てしまうような工夫がされているのも特徴です。

こうしたトラップによって、私たちはSNSにどんどんハマってしまい、次の情報を見ずにはいられなくなります。まさに、誰でも依存しやすい仕組みになっていることを自覚しましょう。

SNS依存から離れて時間を有効に使いたいと思っているなら、**自分から強制的に距離を置く勇気が必要です。**SNS以外に視野が広がれば、今よりもっと楽しくポジティブな日常を過ごせるでしょう。

シーン
71

本来の自分とは違う発言をしてしまう

本来はネガティブな人間なのに、SNSでは別人格を演じている。暗い部分を隠して、明るい印象を与える投稿をしているため、会った人から「全然印象が違う」と言われる。SNSでの自分と、現実の自分のギャップに心が苦しくなる。

「仮面」はたくさんあった方が、メンタルが安定する

自分が見せる顔、要は仮面のことを「ペルソナ」と言います。「別人格を演じること」を否定的に捉えやすいですが、**実はペルソナは多ければ多いほど、精神的に安定します。**

「人には多面性がある」と前にもお伝えしました。私たちは、「裏表がない人はいい人」「二面性がある人は信用できない」など、複数の顔を持つことは悪であるかのように刷り込まれています。しかし、誰でもいろんな顔を持っているものです。

例えば私は、子どもと接するときは母親、母と接するときは娘の顔になります。仕事上では講師として「先生」と呼ばれることがあり、学生時代の友人と会うときは同級生の顔になります。

このように相手や場所によって、「真面目な私」「寛容な私」「厳しい私」「無邪気な私」など、自然と別の顔を使い分けているのです。

自覚がないだけで、きっとみなさんも同じようにいろんな顔を持っているはずです。

ギャップを否定せず「どちらも自分」と捉える

複数の顔がなく、1つの顔しか持っていないと、ある場所で自分を否定されたら、自分のすべてを否定されたように感じ、立ち直れなくなってしまいます。

しかし、**相手や場所によって違う顔を持っていれば、気持ちを強く持てたり、否定されたことを悲観的に捉えたりすることがありません。**会社では否定されたとしても、家に帰ってパートナーに甘えたり、友達に話して頼りない姿を見せたりできます。

本来の自分と違う自分を出せる場所があるのは、むしろ健全なことです。

そして、それがＳＮＳ上であっても同じです。

「リアルでは出せない自分を出せる」
「言えないことを発散できる」

どちらの姿も自分であることに変わりはないので、ギャップがあること否定せず、自己肯定していきましょう。

とはいえ、相手を傷つけるような発言をするのは控えたいですね。

いつでも
感情の置き場所は
変えられる
［人生編］

進学、恋愛、結婚、妊娠、出産、子育て、介護、就職、転職、独立、起業。

人は誰でもライフイベントと共に悩みや課題、問題を抱え、そのたびに思い悩みながら生きています。

なかには、「自分や家族が病気になる」など、自分の努力だけではどうにもできない、予測不能な出来事が起こることもあります。自分や家族の人生に関わる深刻な問題ほど、ネガティブ感情は強くなるでしょう。


しかし、その深刻な悩みをストレスに感じてネガティブ思考から抜け出せない人と、事実は事実として受け止め、ネガティブな感情を切り替えて進んでいける人がいます。

この差は「自分軸」と「他人軸」が左右します。

何かに直面した時、その事象である事実は変わりませんが、捉え方はどんな風にでも変えることができます。

ネガティブの置き場所⑤

第1章でもお伝えしましたが、「自分軸」で生きられる人は、他者からの意見や思いに振り回されず、自分の解釈で物事を判断し、自己責任で物事を決定していくことができます。

ですから、人や社会のせいにして現実を直視せず、どうにもならないことを悲観せず、あくまでも自分自身で人生を選択することを試みてください。

「自分軸」を確立すれば、人生で起こるどんなことにも、自分らしく前向きに捉えることができるのです。

病気になる

シーン72

突然重い病気にかかり、家族に迷惑をかけていることが苦しい。「この先どうなるのか」と不安が大きく、病気のことばかり考えてしまう。周りを見渡すと、病気でも穏やかに過ごしている人がいて、そんな人たちを羨ましく思う。

病気の受け入れには、5つの段階がある

病気にかかると、それ自体にショックを受ける以外にも、周りの人の負担になっていることにも罪悪感を覚えてしまうこともあるでしょう。アメリカの精神科医・エリザベス・キューブラー・ロスが唱えた**「死の受容過程」**をもとに考えてみます。

キューブラーによると、**死を受け入れるには5つの段階がある**と言います。

1つ目が**「否定」**。病気とわかってショックを受け、現実を受け入れられない、否定したい気持ちが湧いてきます。

2つ目が**「怒り」**。「なんで自分が……」「私ばかりが不幸になる」といった、病気になったことに対しての腹立たしい気持ちが現れていきます。

3つ目が**「足掻《あが》き」**。病気になったことを受け入れ、「どうにか治す方法はないか」とセカンドオピニオンを見つけたり、調べたりして必死に戦います。

4つ目が**「抑うつ」**。有効な治療法が見つからないなど、希望が見えなくなる段階。徐々に病気が進行していくことに悲観的になり、抑うつ状態に陥ります。

最後の5つ目が**「受容」**。抑うつ状態を経て、病気やこの先の運命を受け入れて、静かに自分自身を承認します。

重篤な病気や死を宣告された場合、人はこのような5段階の心理的受容過程を辿ると言われています。

時間と共に感情は変化していく

今の気持ちが「苦しい」「腹立たしい」ということは、1つ目の「否定」、もしくは2つ目の「怒り」の段階と予想されます。

そして、あなたが羨ましいと感じる「病気でも穏やかに過ごしている人」は、今は5つ目の「受容」の段階なのかもしれません。過去にはきっと、「否定」や「怒り」など、あなたと同じような気持ちになった経験もあったはずです。

病気なった事実を消すことは不可能ですし、健康だった過去の自分に戻るのは難しいかもしれません。**自分のためにできることは、「今は病気を受け入れる過程なんだ」と状況を捉えることです。**

ショックで何も考えられなかったとしても、時間の経過と共に、感情は変化していきます。ご紹介したような受容過程を辿りつつ、病気とともに生きることを受容し、この先の人生を穏やかに生きることができるのを願っています。

時間とともに病気を受け入れていく

ものをなくしてしまう

シーン73

夫からプレゼントしてもらったアクセサリーを紛失してしまった。手元に返ってくる可能性は低いと理解していても、思い出の品なのでショックが大きい。

ものをなくした事実は変わらない

このシーンの場合、思い出と共に大切な物をなくしてしまったことへの喪失感により、ネガティブな感情が引き起こされています。しかも、夫からのプレゼントであれば、なおさら悲しみや悔しさ、自分への腹立たしさが湧いてきて当然でしょう。

しかし、なくしたことは紛れもない事実であり、なくなったものは願ったところで返ってこないのも事実。なくす前の日常に戻れるわけではありません。

ここでは、**「事実は変わらない」ことをまずは受け止めることが大切です。**

それがネガティブ感情から解放されるための最初のステップです。

ネガティブな感情は、時には思う存分引きずってもいい

なくしてしまった事実は変わりませんが、**今感じている感情を否定する必要もありません。**無理に忘れようとしても、忘れられないから、余計に苦しくなるのです。

悲しみや悔しさが消えるまで、繰り返し思い出し、その感情を思いきり引きずってみるのも1つの手です。

感情に良し悪しはなく、自分が抱いた感情はすべて自分だけのものです。気が済むまで、自分の中にその気持ちを持ち続けても悪いことではないのです。

そして、ネガティブの底辺から少しメンタルが浮上してきたら、例えば代わりの品を探して夫との新たな思い出を作る、物に執着せず旅行など別の形での記念を作るなど、気持ちを前向きに切り替えられる行動を考えてみてください。

シーン 74

年齢によるプレッシャーを感じてしまう

40代を迎え、長く社会人経験を経てきたのに、仕事の成果が上がらず焦りを感じる。自分よりも部下の方が結果を出していて、このままでは居場所がなくなりそう。転職するとしても、年齢がネックになり、選択範囲が限られてしまいそう。

40歳前後は、人生に迷いが生じやすい年齢

社会人になっておよそ20年経ち、人生の転換期を迎えるのが40歳前後です。この時期に起きる心の葛藤を表現したのが、「**ゴーギャンコンプレックス**」というものです。これは、元々実業家だったフランス画家・ゴーギャンが、40代になってから妻子を

母国に残し、リゾート地のタヒチに渡ったエピソードから生まれました。

「今まで歩んできた人生は正しかったのか」
「このまま同じ仕事を続けていいのだろうか」
「この先自分はどう生きるべきなのか」

このように、40代前後は誰でも人生の迷いが生じる時期です。長いライフステージの中で、これまでの道のりを振り返って後悔したり反省したりと、自分を捉え直す人が多いのです。

そこで現状維持を選ぶか、チャレンジを試みるかは、本人の捉え方次第です。カウンセリングをする中で、「今までうまくいかなかったから、きっとこれからもダメだ」といって挑戦を諦める人もいれば、反対に今までの経験を糧にして、起業や独立、転職、Uターンなど、思い切って人生のステップアップを試みる人もたくさん見てきました。

「加齢こそがメリット」と捉え、武器にする

転職について「年齢による選択肢は限られる」と感じているということは、「加齢＝老化」と思われている節があります。

「年齢が上がることで、自由が奪われる」とネガティブに捉えている証拠です。

こうした価値観を持ち続けていると、今から年齢を重ねていくたびにマイナス思考を生み、何を決断するにも自分が苦しくなります。

そうではなくて、**「歳を取ることはメリット」と捉えられると、知識や知恵、経験のすべてを武器にしようと視点が変わります。**そして、仕事はもちろん、人生がうまく回り出します。

40代を迎え、どの方向に進みたいかを悩むタイミングで、「キャリアの棚卸」をしてみるのも1つの方法です。

先の目標を定めるにしても「現在地」がわかっていなければ、適切な目標設定ができません。地図がなければ、目的地にたどり着けないのと一緒です。

「自分はこれまで何ができるようになったのか」
「何をしているときが一番楽しいか」

このように自分に問いかけて、これまで進んできた道を振り返りまとめてみましょう。「キャリアの棚卸し」で現在地が把握できると、自然と「目的地＝目標」が見えてくるはずです。

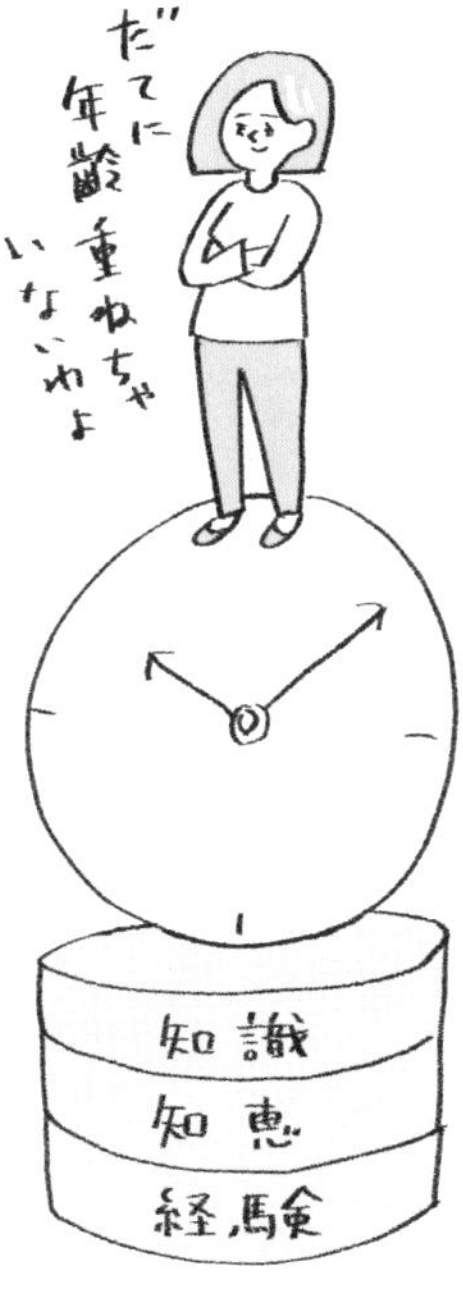
だてに年齢重ねちゃいないわよ
知識
知恵
経験

時間は戻らないから、
いつでも歳を取ることを
ポジティブに考えてみる

シーン 75

30代前半で結婚し、「いつか子どもが欲しい」とは思っていたけれど、なかなか授かることができない。自身の年齢を考えると、仕事をセーブして不妊治療をすべきなのか、仕事と妊活のバランスを取るのが難しい。

タイミングを逃すと、人は焦りを感じやすくなる

厚生労働省の調査によると、不妊の検査や治療を受けたことがある（または現在受けている）夫婦は22・7%で、夫婦全体の約4組に1組の割合になると言われています。

企業カウンセリングをしている中での私の体感はもっと多い印象で、検査や治療をしていない妊娠希望者を含めると、2組に1組くらいの割合だと感じます。

多くの人が仕事と妊活の両立に悩んでしまう理由は、妊娠には「タイミング」が重要だからです。

男女共に仕事や社会生活の関係の中で、それぞれ妊娠における大切なタイミングを逃してしまうことで、そのバランスや両立に苦しんでしまうのです。

また、結婚する年齢自体が昔よりも遅くなっているので、妊活をスタートする年齢も上がり、いざ妊活を始めても思うようにいかない場合もあります。

働く男女のカウンセリングをしていると、妊活・不妊治療は経済的にも肉体的、精神的にも負担が多く、当事者にしかわからない個人的苦労がある、とてもデリケートな問題という認識を揃えておきましょう。

ストレスを最小限にする秘訣は、夫婦間で話し合うこと

「子どもは欲しい」と思っていても、これまで順調にキャリアを積み重ねてきた人にとって、仕事をセーブするのは勇気がいることでしょう。ただし、妊娠・出産を叶えるには、年齢が大きく関係するのも事実です。

この「子どもを授かる」という問題を乗り越えるには、夫婦で積極的に話し合うしか方法はありません。例えば、

「今年いっぱいは仕事を頑張る」
「○月以降、半年間はお互い妊活を最優先する」

など、時期や目標を決め、そのためにお互いがどうするかを夫婦でよく話し合ってみてください。

妊活はどちらか一方ではなく、夫婦2人で目線を合わせながら取り組むものです。夫婦がお互い「どうしたいのか」「そのためにどうするか」という気持ちの共有ができなければ、成立し得ないことを意識しましょう。

夫婦がお互いの意思を確かめ合うことで、「仕事と妊活、どちらが今は大事なのか」が見えてくるはずです。その結果、目標に向かって一歩前進できるようになると信じています。

シーン 76

人に裏切られてしまう

結婚を約束していた相手に浮気をされた。「許せない」という怒りの感情が抑えられず、仕事が手につかない。

「怒り」は「悲しみ」から発生した2次感情

浮気した彼（彼女）を「許せない」「腹立たしい」と感じる怒りの感情は、最初から存在するものではなく、2次的な感情です。この場合、根底にあるのは悲しみの感情が該当します。

「大好きだった彼（彼女）に裏切られた」
「相手のことを信じていたのに、私を選んでもらえなかった」

このような深い悲しみから、怒りという感情が２次的に発生しているのです。

こうした場合、**１次感情である悲しみが癒えないと、怒りも消えません。**

そして、たくさんある感情の中でも、**「悲しみ」は一度抱いてしまうと消えるのに時間がかかるものです。**どれだけ本人がこの感情を消したいと思ったり、考えないようにしたりしても、すぐに消すのは難しいのです。人の感情として、悲しみにはそうした特徴があるとまずは理解しておきましょう。

シーン29でもお伝えしましたが、失恋には「時間薬」が必要です。今は、怒りや悲しみで苦しかったとしても、その間も日常は１日１日と過ぎていきます。

今日よりも明日、１週間後、１か月後、半年後……と、時間の経過と共に少しずつ悲しみは消えていきます。時間をかけながら、根底にある悲しみが薄れていくことで、自然と今抱えている怒りも小さくなっていくと思います。

人は傷つくことで成長できる

人は、「傷ついて、気づいて、築く」生き物と言われることがあります。

失恋のようにショッキングな出来事で「傷つき」、それをきっかけに大事な何かに「気づき」、そして新しい人生を「築く」のです。

傷つくことで今まで見えなかったことに気づき、これまでと違う自分になれたり、視野を広げたりすることができます。

捉え方を変えると、「成長のチャンス」とも言えるのです。

とはいえ、今はまだ深い悲しみ、腹立たしさを抱え、「成長のチャンス」とは思えないかもしれません。

そんな時はとことん悲しみ、思う存分まで腹を立てて良い時期です。そのうちネガティブ感情が自然と軽くなる日が訪れます。

今は焦らず、人生のリスタートについてゆっくり考えていきましょう。

私たちはみんな「傷ついて、気づいて、築く」生き物

シーン77

差別がつらい

私が女性という理由からなのか、責任のある仕事を任せてもらえない。男性と同じように一生懸命仕事をして活躍したい気持ちはあるのに、同期の男性陣の方が大きなプロジェクトに指名され、モヤモヤした気持ちになる。

「仕事を任せると、セクハラと思われてしまう」

「女性活躍推進」「男女平等」など、掛け声は大きいのに実態は伴っていない会社も多いと思います。大手企業の女性管理職は極端に少ないですし、官僚を見ても一目瞭然でしょう。

数々の統計を見ても、残念ながら日本社会は依然として男性の方が管理職など重要なポジションにつきやすく、その意識が強い人が多いのも事実です。

一方、女性の登用に積極的にもかかわらず、実行に移せないケースがあります。私は仕事柄、管理者と話をする機会も多いのですが、負荷がかかる仕事を女性社員に指示すると、ハラスメントになりかねないのではないか、と懸念している方が一定数います。

「部下から何か言われるのでは」
「嫌な思いをさせたらどうしよう」
「仕事を任せたことで、期待している部下に辞められたら困る」

このように、管理者側も女性にお願いする仕事内容に気を遣っているのです。

その結果、急なスケジュールで残業が多くなりそうな案件や、出張が発生する、地方滞在が多くなるなど、体力的にも精神的にも負荷がかかる仕事は、男性の方がお願いしやすいと考えてしまうのです。

待っているのではなく、自分から意志を伝える

このような条件をまったく気にせずに、女性であっても責任ある仕事を任せてほしいと望んでいるならば、仕事への気持ちを上司に打ち明けてみましょう。

「こういう仕事を任せてほしい」
「負荷を気にせず、仕事を振ってほしい」

内容はどんな形でもいいので、素直に意思を伝えることが大切です。

性別に関係なく、仕事にやる気がある社員の存在は上司も嬉しいはずです。

上司や会社に意思を伝えずに、心の中でモヤモヤしているだけでは、何も状況は変わりません。特に会社員のポジションならば、**多様なキャリアを描きやすくなったからこそ、希望を伝え、どんどんアピールする方がきっと良いのです。**

上司と密にコミュニケーションをとり、やりたい仕事を掴み取る動きをしましょう。

シーン
78

職場に外国人の方が転職してきた。私は日本人と同じように普通にコミュニケーションをとろうと話しかけているけれど、周りの人は明らかに冷たい対応。なぜみんな差別のような態度をとるのか、不思議な気持ちになる。

誰かを排除の対象にして、自分を守る

人は集団の中に身を置くと、他人と意見を合わせる「同調圧力」が起こりやすくなります。また、一概には言えませんが、島国である日本は多様な人種を受け入れづらかった背景もあり、特にその傾向が強いと言えます。

このシーンのように、**職場内でも誰かを仮想敵に仕立て上げて、それ以外の人たちの団結意識が高まる**というケースはよくあることです。

いじめも同じような仕組みで、誰かを排除対象にすることで自分にみんなの視線が集中しないようにしているのです。

少し話は変わりますが、「LGBTQ問題について研修してください」と依頼されることがあります。しかし、単独テーマでの研修はお断りをさせていただいています。なぜなら、LGBTQをテーマにし、その問題に注目すると、かえって差別がひどくなってしまう可能性も考えられます。

特定の人を取り上げるのは、大きなリスクがあるのです。

特別視すること自体が、「差別」につながる

電通グループの「LGBTQ+調査2023」によると、全国20〜59歳の計5万7500人のうち、LGBTQ+の当事者は9・7%という結果が出ています。つまり、日本人の約10%が当てはまる方々ということです。

日本人の約10%とは、佐藤さん、鈴木さん、高橋さん、田中さん、伊藤さんと、ランキング上位5つの苗字の人を合わせた数より多いのです。それくらい身近にいるということです。

そもそも、LGBTQの人が珍しい、特別なことのように捉えること自体が間違っているることなのです。

LGBTQについてあえて取り上げることで、必要以上に「こんなことを言ったら(したら)ダメかも」と気を遣い始めてしまうようになるなど、逆効果になってしまうのです。

このように、職場の外国人を「特別視」することも同様です。「普通にコミュニケーションをとりたい」「話しかけたい」という気持ちがあるなら、それを貫き通してください。

周りの対応を見て、あなたの態度を変える必要はありません。

周りがどんな対応をしたとしても、自分は気にせずコミュニケーションをとり続けることで、次第に周りの人も同じような行動をとり始めるきっかけにもなるはずです。

外国人と共に働くことは、もはやスタンダードになりつつあることです。

「外国人だから」という余計な気遣いをせずに、自然体で付き合っていくことが、職場内の差別をなくしていくきっかけにつながるでしょう。

介護がしんどい

シーン79

同居の姑の介護がつらい。姑にはお世話になったので、見捨てられない気持ちがあるものの、仕事や家事にも追われ、そろそろ体力の限界。自分も姑も嫌な気分にならず、負担の少ない生活を送るにはどうしたらいいのか悩んでいる。

遠慮せず人に頼れれば、心に余裕が生まれる

責任感が強く、真面目で優しい人が介護する側になると、自分1人で抱え込んでしまうケースがあります。

その結果、精神的ストレスや身体的負担が積み重なり、心や体が不安定になるなど、

「介護うつ」につながってしまいます。こうした人こそ、介護する側にも心と体のケアが重要です。

結論から言うと、**「介護はできるだけ人に頼る」**ことが大切です。

このシーンのように、同居している家族だと、「お世話になったから」「家族だから当然」と考えて、自分1人で頑張りすぎてしまいます。介護される側より、介護する側が苦しくなってしまっては本末転倒です。

また、**育児は成長すると共に手から離れていきますが、介護はその逆でもあります。**

介護は時が経つにつれ大変になり時間を奪われ、なおかつ終わりが見えないことに疲労感が募りやすいと言えます。だからこそ、限界が来る前に「物理的な余裕を持つこと」が大切なのです。

物理的なゆとりによって心に余裕が生まれ、ストレスが軽減すれば、介護への向き合い方も変わっていくはずです。

「地域包括支援センター」に相談を

まずは住んでいる自治体の「地域包括支援センター」に相談をしてみましょう。地域包括支援センターでは、誰でも利用できる介護・医療サービスの窓口です。要介護度によりますが、施設への入居の相談以外に、訪問診療、訪問看護、訪問介護、訪問歯科、訪問リハビリなどの各種訪問サービスの利用相談ができます。

こうした訪問サービスを週に何回か利用するだけでも、時間の余裕ができて、心も体もラクになるはずです。

「介護サービスを利用してもいいかな？」

介護者には「仕事との両立が大変」「体力的に大変になってきた」など、素直に事情を話し、専門の人に手伝いに来てもらうことを伝えましょう。このとき、と、お伺いを立てる必要はありません。自分の負担を軽くするためにも、決定事項として伝えるだけでOKです。

サービスを上手に利用して自分の身を守っていくには、こうした制度を知っていることも重要です。まずはネット検索や役所などで、情報収集をすることから始めるのも良いでしょう。

介護は1人だけで続けていると、いつか必ず限界が来ます。**人に頼ることに罪悪感を持たず、自分を追い込まずに大事にすることです。**

かつてそれが結果として、家族にとってもよりよい介護になります。介護をきっかけに「人に頼る」ことを積極的に取り入れてください。

シーン
80

理想の自分との乖離で苦しくなる

一生好きな仕事を続けるつもりだったが、予定外の妊娠・出産。子どもはかわいいと思う反面、産休・育休でキャリアが途絶えた気がしてしまう。

仕事と育児をてんびんにかけるから、苦しくなる

働く女性が子どもを持つと、このような感情になる人は少なくないでしょう。

「子どもを作ることで、社会に置いていかれるのではないか」
「育休から復帰しても、キャリア構築が難しいのではないか」

こうした考えから理想と離れていくような感覚に陥り、不安が大きくなります。

また、産休・育休が終わり仕事復帰をしたとしても、今度は**「マミーギルド」**に悩まされるという女性もいます。マミーギルドとは、母親が子どもに対して罪悪感を覚える感情を指します。


「今日も仕事が忙しく、子どもと過ごす時間が少なくなってしまった」

「疲れてしまって、夕飯が作れずレトルト食品になった」


このように仕事と育児の両立が難しくなり、自分のことを母親失格だと思い込んでしまうのです。

働く女性にとって「仕事と育児の両立」は課題に感じやすいですが、この2つはそもそも性質が違うものです。**てんびんにかけるから、苦しくなってしまうのです。**

育児の主導権を握っているのは、いつだって「子ども」です。

いつ熱を出すかも、いつお腹がすくかも子ども次第なので、子ども中心に自分の生活を変えるのは、親にとってかなり負荷が高いことです。

一方で仕事は、それぞれ苦労はありますが、自分で主導権を握り、ある程度コントロールができるものです。しかも、特に褒められることのない育児とは違い、成果が出たら会社からの評価や、上司からの激励が得られます。

まずは、**「仕事は仕事」「育児は育児」と切り離して考えて、自分から心をラクにする**という視点に切り替えていきましょう。

子育て期間も、キャリアアップの「途中」と捉える

「5年後、10年後のキャリアプランを立てましょう」と勧める方がいますが、**人は「理想」はイメージできても、具体的な「目標」を立てられるのは長くても「1年先まで」が現実的です。**

「予定外の妊娠・出産」も含め、想像し得ないことが起こるのが人生だからです。

しかも、30~40代はプライベートでも変化が激しい世代です。その変化を受け入れ、

柔軟に対応していく術を身に着けた方がより生きやすくなります。

「妊娠・出産でキャリアが分断された」と感じる女性もいますが、これまでのキャリアがすべて白紙になるわけでは決してありません。途絶えた気がするだけで、今は低空飛行を続けている途中に過ぎないのです。

思うようにならない子どもを相手にしていると、考え方や人との接し方に柔軟さが生まれるものです。子育てもキャリアのうちと捉え、貴重な経験とプラスに考えてみてください。

シーン81

誰からも相手にされない

仕事は充実していて収入にも満足しているが、特に趣味がなく、休日の過ごし方に悩む。家にいてもやることがなく、ただ虚しい気持ちになってしまう。

活動しなければ、「幸せホルモン」は増えない

心と体を回復させるために休みを取ることは大切ですが、やることがなさすぎるのもネガティブになる原因になります。

脳の興奮を抑えて心身をリラックスさせる「セロトニン」というホルモンがあります。**別名「幸せホルモン」とも呼ばれるセロトニンを生成するには、ある程度の活動**

が必要になります。例えば、適度な運動や食事、日の光を浴びるなど、何かしらのアクションが必要です。

その反対に、何もせずに家でダラダラしている、ボーッとして時間が過ぎてしまうといった週末を繰り返していると、セロトニン不足に陥り、幸せを感じにくくなってしまうのです。

人とつながりが、幸せにつながる

休むことはもちろん大切ですが、身体を休める「静」の休養だけでなく、どこかに出かけてみたり、今までやったことのない新しい体験をしてみたりなど、**積極的な「動」の休みが人生の満足度につながります。**

家の中でじっと待っていても、新しい交友関係は生まれません。まずは勇気を出して自分から動き、人と関わりを持っていくことを意識しましょう。

ほかにも、ＳＮＳで知り合いに「いいね」やコメントをしてみる、学生時代の友人に久しぶりに連絡をしてみるなど、最初は人に対して何かしらの小さなアクションを起こすだけでもかまいません。

人との関係性を築くには、一定の時間と、多少の努力は必要になります。

誰かとつながりを感じられることで、今感じているネガティブ感情は少しずつ小さくなっていくでしょう。

幸せホルモンは活動的になることで増やせる

シーン82

自分の無力感を感じる

どの仕事をしても失敗続き。居心地が悪くなり、転職を繰り返すが結果は同じ。何をやってもうまくいかなくて、落ち込んでしまう。

環境を変えても、自分が変わらなければ意味がない

環境を変えれば何かが変わると思って転職を繰り返す人がいますが、環境だけ変えても、自分自身が変わらなければうまくいきません。どこかで**「他力本願」から抜け出さないと、ネガティブな感情は消すことはできないのです。**

苦手な人が1人もおらず、人間関係が100点満点の職場に出会うのはほぼ不可能

ですし、人間関係は良好でも、給与や労働時間、ポジションなど、他の条件に不満がある場合もあります。

その上、自分が好きな仕事ができる環境となると、さらに限られてしまいます。誰でも、すべてが満足いくような環境を見つけるのは難しいのです。

今は、「仕事の失敗」や「成果が出ないこと」に意識が向いているかもしれませんが、まずは**今の仕事や職場の中で「得られる幸せ」を探してみることです。**

「上司は嫌だけど、同僚には恵まれている」
「残業は多いけど、直行・直帰できるのはいい」

こうした小さな満足に目を向けてみると、「何もかも嫌な気持ち」から少しでも目をそらすきっかけになるはずです。

自分に対する無力感から一歩抜け出すには、例えばこのように、ちょっとした行動を変えることが効果的です。

時間を変える……朝起きる時間を変える。昼食を取る時間を変えるなど。

行動を変える……仕事帰りに10分だけ書店に立ち寄る。駅までの通勤でいつもとは別の道を通るなど。

場所を変える……いつもと違う座席に座る。職場から離れてカフェで仕事をするなど。

やり方を変える……いつもより営業先への訪問数を増やしてみる。メールで済ませていた内容を電話でもフォローするなど。


このように、どんなことでもいいので「これまでと違うこと」を何か1つやってみてください。

自分に対する無力感はすぐには消えないかもしれませんが、**ほんの少しでも自分が変わることで、ネガティブ感情の捉え方や見え方が変わります。**

そして、「今までの自分とちょっと違うかも」と思い始めたとき、ただ闇雲に環境を変えていた頃では感じられなかった、自分を変えるチャンスなのです。

シーン
83

死にたい気持ちになる

40代中盤、天涯孤独の人生を送ってきた。自分の未来に希望を持てないので、他人に迷惑をかけず、死んだ方がマシではないかと考えてしまうように。何のために生きているのかわからず、「死」について調べたりする時間が増えた。

人と接点を持ち、精神的な孤独感を減らす

死を考えたり、想像したりすることを「希死念慮《きしねんりょ》」、実際に死ぬ方法を探したり、自殺のやり方を調べたりすることを「自殺念慮《じさつねんりょ》」と言います。

後者の死ぬ方法を調べる段階になると、自殺を実行する確率が高まってしまう、精

神的に非常に危険な状態です。自分では気づいていないかもしれませんが、今すぐ精神科や心療内科などでの受診が必要なレベルともいえます。

「死にたい」という気持ちは、多くの場合、精神的な孤独から起こっているとされています。「天涯孤独」で誰とのつながりも感じられないことで、寂しさや虚しさ、悲しさなどのネガティブな感情に心を支配されているわけです。

希死念慮の根底にある孤独感を消すには、何よりも人との小さな接点を持つことが大事です。これは「誰かを食事に誘う」「人に連絡を取る」といったハードルの高いコミュニケーションではありません。

コンビニで買い物した際、レジの人に「ありがとう」とお礼を伝える。
近所の人に会ったら「おはようございます」と言う。

例えば、このくらいの挨拶でもコミュニケーション効果があります。無言で生活するのをやめて、**1日1回でも人と接点を持つこと**を始めてほしいのです。

たとえ相手が見知らぬ他人であっても、会話を交わす接点があると気持ちが和らぐものです。日常の中で少しでも人と触れ合う瞬間があるだけでも、孤独感が薄れ、心がほんの少し温かくなるはずです。

「料理」は抑うつ状態の回復に効く

また、希死念慮に至る手前の「抑うつ状態」の回復に有効なのが「料理」です。料理は、五感をフル稼働させることで脳が活性化され、心の元気を取り戻すにはおすすめの方法です。

例えば、「何を作ろう」という思考に始まり、買い物に行って選ぶときに「視覚」、材料を切るときに「触覚」、炒める・焼く・揚げる・煮るなどの火を使う工程は「聴覚」や「嗅覚」、食べるときは「味覚」など各工程でフルに五感を使います。五感のすべてを総動員することで、気持ちを活性化させることができ、落ち込んでいた気持ちを明るく、前向きにしやすくなります。

とはいえ、気持ちが落ち込んでいるときは、「料理なんてできない」「作りたいものなんてない」という思いが強いでしょう。そのような時は動画配信サイトでレシピ動画を見たり、サイトでレシピを眺めたりするだけでも十分です。まずは「美味しそう」「食べてみたい」と思うだけでも良いでしょう。

そして、レシピ動画の検索すら難しい、もう体が動かない、日常生活がままならないという人は、精神科や心療内科など専門の機関にかかることをおすすめします。

そうはいっても、病院を受診すること自体迷っている、病院を選んだり考えたりするのが難しい場合などもあると思います。

そんな時は、全国どこからでも共通の電話番号から相談機関に接続される「こころの健康相談統一ダイヤル」などの利用をまずは検討してみてください。

メンタルの
プロがやっている
「ネガティブ感情」と
の付き合い方

自己認識を深めると、他人に左右されなくなる

自分の気持ちと向き合う

いかがだったでしょうか。83のシーンごとに、ネガティブ感情とどう向き合ったらいいのかをカウンセラーの観点から解説してきました。

ここからは、本書の最後に、メンタルアップのプロとして、実際に私がネガティブな感情と付き合う際にやっていることを4つ紹介します。

長い人生、落ち込んだり気持ちがモヤモヤしたりと、ネガティブな感情に襲われる日は必ずやってくるでしょう。

そんなとき、最初に大事にしてほしいのは、**「自分の気持ちに向き合う」**ことです。

ネガティブになりがちな人の多くは、「なんとなく不快」「理由ははっきりしないけ

どモヤモヤする」といったように、自分の気持ちのことをよくわかっていない傾向が見られます。

一方、ポジティブ思考の人は、「これは私が大事にしている価値観に反するから、好きじゃない」といったように、今の自分が置かれている状況を俯瞰して理解するのが非常に上手です。

自分の気持ちを自分で認識できていると、選択や決断に迷いがなく、他人に気持ちを揺さぶられたり、左右されたりしづらくなります。その結果、余計なストレスは減り、メンタルが安定していきます。

どんなときも、意思決定は「自分軸」で行えるようになると、他人の目を必要以上に気にすることが減り、ネガティブに陥りづらくなるのです。

自問自答して、感情を言語化する

自分の気持ちと向き合うためのトレーニングとして、私の場合は日常の中で自問自答する習慣を作るようにしています。

例えば、喫茶店でカフェインレスコーヒーを頼んだとき、「なぜ今、紅茶ではなくカフェインレスを選んだのか」と自分に問いかけます。「少し割高だけど、この時間だと夜眠れなくなるのを避けたいな」と、自分なりの気持ち目を向けるだけでもＯＫです。

このように言語化することで「自分の気持ち」が明確になり、次第にその気持ちを優先した生活を送れるようになります。

また、自分の気持ちに気づくきっかけになるのが**他人からの誘いを断るシーン**です。基本的に「友人からの誘いには応じるけど、職場の飲み会は断る」など、自分なりに人間関係を線引きしている人も多いと思います。誘いを断ったり、受け入れたりするときには、優先順位や価値観がはっきりしやすくなります。

こうしたタイミングにこそ、「気持ちの動き」に、意識を向けてみてください。

自分の中で起こる思考の傾向をつかみ、今の自分にとって選択ができるようになると、格段に自己コントロールがしやすくなります。

湧き上がる気持ちを否定しない

無理に忘れようとすると、余計にネガティブになる

2つ目のポイントは、「自分の気持ちを否定しない」ことです。

本書では繰り返し「人の感情に良し悪しはない」とお伝えしました。しかし、ネガティブ感情に支配されやすい人ほど、

「ネガティブな気持ちになってはいけない」

「ネガティブな感情は悪いもの」

と思ってしまい、自分で自分を追い込んで苦しくなってしまうのです。

悔しい、腹立たしい、悲しいなど、そのすべてが自分の中から湧き上がってきた感

情であり、○×で振り分けることはしなくて良いのです。

ネガティブ感情が湧いてきたとき、その感情を消そうとするほど、ネガティブは強化されるのです。

今すぐに、自分の中に湧き上がる気持ちを否定するのをやめてみましょう。

自己嫌悪の感情も受け止めよう

どんな気持ちも、良し悪しの判断をしないことが大事だと考えると、「自己嫌悪」という感情も決して悪い感情ではないとわかります。

自己嫌悪とは言葉の通り、自分のことが嫌になり、自分自身を軽んじることです。しかし、感情には良し悪しがないと知っていれば、**自己嫌悪すら、その良し悪しを判断しなくていい**と言えます。

心で思うだけなら、誰にも迷惑をかけません。むしろ思い切りネガティブ感情に浸る方が、ストレスやショックから立ち直りが早く、すばやく心のリカバリーができるのも事実なのです。

日々生まれるネガティブ感情を否定せず、受け止められるようになると、自己否定を防ぐことができ、必然的に自己肯定感のアップにもつながります。

付き合い方③

アウトプットでネガティブの原因を明確にする

アウトプットする

3つ目のポイントは、話したり書いたりして「アウトプットする」ことです。

心の不調を訴える人に対し回復の過程を考える際、1人暮らしの人は予後が悪い傾向が見られます。その要因の1つに、身近にアウトプットできる機会や相手がいない、もしくは少ないことが挙げられます。

自分の気持ちを言語化するだけで、漠然としていた感情が整理され、浄化作用が得られるので、今日の出来事や感じたことを人に話したり、紙に書いたりしてアウトプットするのは非常に大切なのです。

ネガティブの正体がはっきりわからないままだと、感情があやふやで、どう対処していいか自分でもわからず、その感情が長引いてしまいます。

「上司に嫌味を言われて嫌だった」という話をする際、上司が言ったセリフや状況を話すうちに、表面上の気持ちだけでなく、今まで気づかなかった感情にたどり着くことも多いのです。

「私はこれが嫌だったのか」と根本的な原因に気づくことができると、自ら今後どうしたらよいのかが見えてくるのです。

ネガティブ感情の「正体」がわかった時点で、その問題はほぼ解決したと言っても過言ではありません。それほど、「何に対してネガティブに感じているのか」を明確にさせることは重要なのです。

アウトプットアウトプットできる相手は、複数持っておく方がいいそして、感情をアウトプットする際に注意したいことが2つあります。

1つ目は、**アウトプットをする際にSNSを使用しない**ことです。つぶやいたことに対するコメントや拡散によって、さらに嫌な気持ちになる場合があるからです。できるだけ自分だけで完結するアウトプット法を選びましょう。

2つ目は、**話すタイミングや人を選ぶ**ことです。

「相手に余裕がないときは話さない」「話す内容によって相手を変える」など、聞いてもらえる環境を確保できるよう、相手が親しい人でも考慮するように心がけましょう。それがお互いのためでもあります。

アウトプットできる相手は、複数人持っておくことをおすすめします。大人になると友人以上に、適度な距離感を保てる「広くて浅い交友関係」がより必要になります。学生時代の知人や先輩・後輩、友達未満の知り合い、たまにしか会わない元同僚、ママ（パパ）友など、いろんな立場の話し相手を持っておくこともおすすめです。

「ネガティブな気持ちは1人で抱えず、人に聞いてもらう」

このアウトプットを習慣にして、上手に心の換気をしていきましょう。

付き合い方④ 強制リセットとストレス解消

環境の変化は、気持ちの切り替えに有効

4つ目にご紹介するのは「強制リセット」です。

「ストレスを溜めないように気分転換をしよう」と頭ではわかっていても実践するのはなかなか難しいです。そこでおすすめは強制的な感情のリセットです。

最も手っ取り早いのは「環境を変える」ことです。

同じ空でも、自宅の窓から見る空と旅行先の空は違って見えるように、**環境が変わると物事の見え方や捉え方は自然と変わります。**

例えば、カフェや図書館で仕事をする、外食をする、いつも立ち寄るコンビニとは

別の店舗に行くなど、「いつもの場所」のルーティンを変えてみましょう。

私も、この「環境を変える」強制リセットはよく実践しています。仕事で立ち寄る場所でおいしそうなお店を見つけてランチしたり、出張があれば現地の日帰り温泉施設を調べて立ち寄ったりして、強制的に気持ちをリフレッシュしています。

「香り」を嗅いで、手軽に気持ちのリセットを

もう1つ、強制リセットの手段として「香りを嗅ぐ」方法があります。

五感の中でも「嗅覚」は、直接感情に影響をもたらす感覚器と言われています。**香りは記憶や情動と強く結びついているので、香りを効果的に使うことで、気持ちを変化させることができます。**

一番手軽なのは飲み物です。コーヒーのおいしいお店でボーッと過ごす、いつもより高い紅茶を淹れるなど、香り豊かな飲み物を心のリセットに活用してみましょう。

ステイホームの時期の私の自宅には、ファミレスのドリンクバーさながら多種多様なお茶を充実させていました。外出できず、家の中で仕事ばかりしていると息が詰ま

るので、香りのいいお茶を淹れて上手に気分転換ができていました。

飲み物以外にもアロマオイルを使う、ペットのにおいを嗅ぐなど、自分の好きな香りであれば何でもＯＫです。

ストレス解消法は「自分が心地いいか」で選ぶ

そして、当たり前のようですが、「ストレス解消法を持つ」ことも大事です。

ストレス解消法の定番と言えば、「食べる・飲む・寝る・歌う・話す・泣く」などの方法がありますが、このすべての解消法が自分に合うとは限りません。

重要なのは、「自分に合うストレス解消法」を知ることです。


私は温泉が大好きで、ストレス解消法の1つになっていますが、他人と同じ湯船に入ることを嫌がる人もいます。運動で汗をかくのが気持ちいい人もいれば、できるだけ動きたくない人、展望台やタワーなどの高いところに登って解放感を感じる人もいれば、高所恐怖症で逆にストレスになる人もいます。

ネットやＳＮＳの情報に惑わされず、**自分の心が「すっきりする」「気持ちいい」と感じる方法を色々と試して、自分でストレス解消法を見つけてください。**

なかには「ストレスが溜まったら寝る」という人も多いでしょう。

体調が悪いときや睡眠が不足しているときは十分寝てほしいのですが、寝すぎててしまうのは問題です。

活動せずにずっと横になっていると、気持ちを安定させるホルモンの一種であるセロトニンが不足し、むしろ不安や心配事が大きくなったり、想像が膨らんだりして、ネガティブ感情が強くなる傾向があります。ですから、ぜひ「静」の休息だけでなく「動」の休息も取り入れましょう。

今日のストレスは、今日のうちに解消する

もう1つのポイントは、ストレスは小さいうちに発散することです。

小さなストレスを見逃し続けると、あっという間に自分の中で大きな塊になります。

そうなると、解消しようと思ってもちょっとした方法では心も体もすっきりせず、リカバリーに時間がかかります。

そうこうしているうちに、また新しいストレスがやってくるというように、ネガティブの悪循環に陥ります。

理想は、一度受け取ったストレスは、その日のうちに解消することです。今日のストレスは今日のうちにリセットを心がけると、軽やかな心で明日を迎えられます。

日々の小さな積み重ねを通して、ネガティブ感情と上手に付き合えると、自分の手で人生を好転させることができるのです。

おわりに

ネガティブは悪いことだと、私は思いません。

なぜなら本来、気持ちをカテゴリー別に分けることはできず、同じ心の中で常に変化していくからです。

そして、それは光の当て方によってさまざまな色を発します。瞬間的に色が変わったり、いろいろな色が複雑に絡み合ったりすることもありますが、その感情を捉えるのはいつだって自分自身です。

自分の感情を捉えるためには、自分に向き合うという少し勇気のいる作業が必要です。ただ、難しいことではありません。「今、何を感じている？」「どう思っている？」と自分自身に問いかけることから始めてみましょう。

最初は、よくわからなくても、ぎこちなくても大丈夫です。慣れてくると次第に自分の気持ちがつかめるようになってきます。自分の気持ちを受け止めることが、自分を大切にすることにつながります。

とはいえ、いつでも客観的かつ冷静に向き合うのは難しく、衝動的に湧き上がってくる気持ちは仕方のないものです。その気持ちに自ら蓋をしてしまうのだけは避けましょう。

気持ちに蓋をすることは、一見嫌なことや辛いことから離れるための処世術のように思えますが、現状を先送りにしているにほかなりません。気持ちを押し込めてしまうたびに心の奥底に沈んでいき、それが澱《おり》のようにたまることで、自分でもわからない不安や恐怖のもとになってしまうのです。

「なんだかわからないけど心配になる」のは、まさにこの現象です。

私たちは生きていく上で、自分以外のことや他者の気持ちを優先したり、本来の気持ちを押し込めたりしてしまうことは、誰にでもあるでしょう。しかし、それを繰り返していくうちに、だんだん自分の本心が見えづらくなっていきます。

「忍耐や我慢をやめて、わがままになれ」とは違うのですが、自分に正直に、率直に発言する、行動することもまた大事なのです。

自分の感情は捉え方次第で、いかようにも変化することを本書を通してお伝えしてきたつもりです。そして、本書で示したさまざまなケースにおける「捉え方の視点」を参考に、気持ちの置き場所を自ら選択し、自分らしく楽しい毎日を過ごす手助けになれば幸いです。

ネガティブな人は、この世界を見渡せばたくさんいます。
そんな自分を許し、自分らしく生きている人もまた、たくさんいるのです。

本書が「ネガティブに考えすぎてしまう」人の生きづらさをやわらげ、感情の捉え方を変え、あなたらしく踏み出すきっかけとなることを願ってやみません。

大野萌子

［著者略歴］

大野萌子（おおの・もえこ）

公認心理師／2級キャリアコンサルティング技能士／産業カウンセラー
一般社団法人日本メンタルアップ支援機構代表理事、企業内カウンセラーをはじめとする相談業務において2万人以上のカウンセリングを担当。また長年の現場経験を生かし、人間関係改善に必須のコミュニケーション、ストレスマネジメント教育を得意とする。官公庁・企業・大学などで講演・研修を6万人以上に実施。著書にシリーズ51万部を突破した『よけいなひと言を好かれるセリフに変える言いかえ図鑑』（サンマーク出版）ほか、『世界一受けたい授業』などメディア出演多数。

ネガティブな自分《じぶん》のゆるし方《かた》

2024年7月1日　初版発行

著　者　大野萌子

発行者　小早川幸一郎

発　行　株式会社クロスメディア・パブリッシング
〒151-0051 東京都渋谷区千駄ヶ谷4-20-3 東栄神宮外苑ビル
https://www.cm-publishing.co.jp
◎本の内容に関するお問い合わせ先：TEL（03）5413-3140／FAX（03）5413-3141

発　売　株式会社インプレス
〒101-0051 東京都千代田区神田神保町一丁目105番地
◎乱丁本・落丁本などのお問い合わせ先：FAX（03）6837-5023
service@impress.co.jp
※古書店で購入されたものについてはお取り替えできません

印刷・製本　中央精版印刷株式会社

ISBN978-4-295-40990-8　C0030